Raimund Joos

Warum der Schuh beim Gehen weiter wird

Der spirituelle Jakobsweg-Coach

Tyrolia-Verlag · Innsbruck-Wien

Mitglied der Verlagsgruppe „engagement"

Bibliografische Information Der Deutschen Nationalbibliothek
Die Deutsche Nationalbibliothek verzeichnet diese Publikation in der
Deutschen Nationalbibliografie; detaillierte bibliografische Daten sind
im Internet über http://dnb.d-nb.de abrufbar.

2., veränderte Auflage 2011
© Verlagsanstalt Tyrolia, Innsbruck
Umschlaggestaltung: Tyrolia-Verlag
unter Verwendung eines Bildes von Raimund Joos
Bilder: Raimund Joos
Layout und digitale Gestaltung: Tyrolia-Verlag
Druck und Bindung: Alcione, Lavis (I)
ISBN 978-3-7022-2824-8
E-Mail: buchverlag@tyrolia.at
Internet: www.tyrolia-verlag.at

Inhaltsverzeichnis

Die Weite der Meseta lädt ein

Lieber Pilgerbruder und liebe Pilgerschwester!

Es freut mich, dass ich die reichen Erfahrungen, die mir auf dem Jakobsweg geschenkt wurden, durch dieses Buch mit Ihnen teilen kann. Leider bin ich ja nicht in der Lage, Sie persönlich auf dem Weg zu begleiten, seien Sie sich aber gewiss, dass meine besten Wünsche Sie begleiten. Ich bin mir sicher, dass Sie Ihren Weg machen und dort viel Wunderbares erleben werden. Ich freue mich auch auf Anregungen zu diesem Buch oder eine Postkarte von Ihnen.

Bon Camino, Ultreja und alles Gute wünscht Ihnen Ihr

Raimund Joos

P.S.: Bitte verpassen Sie es nicht, die Kapitel „Einführung" und „Was dieser ‚spirituelle Jakobsweg-Coach' für Sie sein möchte" zu lesen.

Dank

Ich danke allen Pilgerfreunden, die mir auf dem Jakobsweg und im Alltag durch ihr persönliches Gespräch, ihr Beispiel und das Teilen ihrer Wegerfahrung das Schreiben dieses Buches erst ermöglicht haben. Besonders danken für Anregungen und Korrekturen *zu diesem Buch* möchte ich meinem Vater Herbert Joos † und meiner Mutter Anne Joos, den in der Fränkischen St.-Jakobus-Gesellschaft Würzburg ehrenamtlich tätigen Pilgerfreunden Monika und Ferdinand Seehars, dem Pastoralreferenten der Katholischen Hochschulgemeinde Eichstätt Franz Geitner und auch Barbara Ulrich, die als Mentorin in der Katholischen Hochschulgemeinde Eichstätt tätig ist.

Anmerkung zur 2. Auflage

Wir schreiben Januar 2011. Vor einigen Tagen erreichte mich vom Tyrolia-Verlag eine kurze erfreuliche E-Mail mit der Nachricht, die erste Auflage meines hier vorliegenden Buches sein nun bald vergriffen und man plane eine im Layout etwas verbesserte Neuauflage, die u. a. auch einen Index für Stichwörter bieten soll. Bei der Suche nach möglichen Stichwörtern in meinem immer noch liebsten Buch zum Jakobsweg, dessen Text ich vor nun schon mehr als vier Jahren (Ende 2006) verfasst hatte, erinnerte ich viel Vergessenes ... Ich erkenne auch, dass mich mein innerer spiritueller Jakobsweg seither weitergeführt und sich dabei auch mein Welt- und Gottesbild in einigen Punkten weiterentwickelt hat.

Es entspricht ganz der Idee des Pilgerns, wenn ich den Text des Buches von wenigen kleine Aktualisierungen abgesehen dennoch unverändert in seinem originalen Wortlaut belasse: Unsere Erkenntnis kann immer nur „vor-läufig" sein und es ist an Ihnen, die immer nur unvollständige Erfahrung eines Buches dafür zu nutzen, ihren *eigenen* persönlichen Jakobsweg zu finden.

Einführung

Ein Trend und was dahintersteckt

Jedes Jahr wandern Tausende von Pilgern Hunderte von Kilometern zu Fuß auf dem Jakobsweg nach Santiago de Compostela. Pilgerberichte über den Jakobsweg sind in den Bestsellerlisten zu finden, und kaum ein Monat vergeht, in dem kein Bericht über den Jakobsweg im Fernsehen gesendet wird. Die Pilgerreise nach Santiago erfreut sich ungeahnter Beliebtheit, und es sind keine Anzeichen für das Ende dieses Trends in Sicht.

Dieser Trend allein sagt freilich noch wenig über die Qualität der Sache aus, um die es hier geht. Der Sog, den der Jakobsweg heute ausübt, könnte auch einfach eine Modeerscheinung sein. Doch im Grunde kommt es darauf gar nicht an. Denn „den Jakobsweg an sich" gibt es eigentlich gar nicht, oder nur als abstrakten oder geografischen Begriff. Was dagegen wirklich zählt, ist der einzelne Mensch, der sich auf das Abenteuer „Jakobsweg" einlässt und so diesen Weg als seinen ganz persönlichen Weg wagen und erleben kann. Und so ist zunächst jeder Einzelne für seinen „eigenen" Jakobsweg verantwortlich. Wo aber viele Menschen ihren Jakobsweg in einer spirituellen oder einfach „nur" guten Absicht machen, da wird man auch auf „dem Jakobsweg" so etwas wie eine gute menschliche oder sogar spirituelle Atmosphäre spüren können. Dies schafft dann ein gutes geistiges „Klima", von dem wiederum jeder einzelne Pilger zehren kann.

Tatsächlich haben seit über tausend Jahren Millionen von Pilgern ihren Jakobsweg in diesem Geist gemacht. Sie haben dabei etwas erfahren, wodurch dieser Weg für sie wertvoll wurde. Etwas von diesem Wertvollen haben sie auf diesem Weg weitergetragen und weitergegeben, und man könnte auch sagen „ans Ziel gebracht".

Auch viele „moderne" Menschen, die den Jakobsweg vielleicht gar nicht aus „religiösen" Gründen gegangen sind, erlebten dort ein ungeahntes Maß an purer Lebensfreude und fanden wichtige Antworten auf persönliche Fragen. Die Zeit auf dem Jakobsweg blieb vielen von ihnen als einer der schönsten und reichsten Zeitabschnitte ihres Lebens in Erinnerung. Nicht selten „treibt" es sie daher immer wieder auf diesen Weg zurück. Dies offensichtlich unabhängig davon, aus welchem Land, aus welcher sozialen Schicht, Religion oder Altersgruppe der einzelne Pilger stammt.

Nicht zu Unrecht gilt der Jakobsweg als eines der spirituellen Zentren Europas, wenn nicht sogar der Welt. „Spirituell" ist hierbei nicht im engen Sinn zu verstehen, also in der Weise, dass es hier allein um die Traditionen einer bestimmten Religion oder Konfession ginge. Wenn ich in diesem Buch von „Spiritualität" spreche, so meine ich damit alles, was den Jakobsweg zu einem tiefen persönlichen Erlebnis für Sie werden lassen kann: die Gegebenheiten, die Sie auf dem Weg vorfinden, Ihre innere Einstellung, mit der Sie dem Weg begegnen, und auch die Art und Weise, wie Sie sich selbst auf dem Weg verhalten. Spirituell kann eigentlich alles sein, durch das Sie sich bewusst werden, dass Sie in tiefer geistiger oder seelischer Beziehung mit der Welt und deren Ursprung stehen. Spiritualität kann, so betrachtet, eigentlich immer und überall gelebt werden und wird ein Leben lang eingeübt. Der Jakobsweg ist dabei nur ein kleiner Ausschnitt des persönlichen Lebensweges, in dem das, was Spiritualität ist, vielleicht deutlicher zum Vorschein kommt als sonst – wenn man danach sucht.

Wer lernt, spirituell zu leben, lernt sich und seine Welt in ihrem Innersten besser zu verstehen. Er lernt – in einem tiefen menschlichen Sinne – zu „er-leben". Dadurch versteht er mit der Zeit immer besser, was es bedeutet, wirklich als ganzer, heiler, als beseelter Mensch zu leben.

Wenn Sie also lernen, was es heißt, den Jakobsweg spirituell zu erfahren, werden Sie sich und Ihre Welt tiefer und weiter verstehen und erleben lernen. Ihr Horizont, Ihre Sicht der Welt, Sie selbst als ganzer Mensch weiten sich – so wie auch Ihr Schuh,

vor allem, wenn er neu war, beim Gehen mit jedem Schritt ein
kleines Stück weiter wird.

Vielleicht drückt Sie der Schuh dabei zu Anfang Ihres Weges
nicht nur im wörtlichen Sinne. Vielleicht drückt er Sie nicht nur
am Fuß und dort auch schon so lange, dass Sie sich nun entschlossen haben, diesem Problem bewusst nachzu-gehen. Auf
dem Jakobsweg sind Sie hier auf dem richtigen Weg, denn mit
jedem Schritt, mit dem Sie sich wirklich auf ihn einlassen, wird
Ihre Welt, Ihr Leben, Ihr Geist sich weiten. Schritt für Schritt
werden Sie erfahren, was es heißt, in einer Frage „weiter-zu-
kommen" und „groß-zügig" und innerlich erfüllt zu leben. Wie
Sie auf diesem inneren Weg vorankommen können, dazu will
ich Ihnen hier ein paar Tipps geben. Ich tue dies, indem ich
Ihnen meine Erfahrung weitergebe, die ich selber und viele meiner Pilgerbrüder auf vielen Hunderten Kilometern Jakobsweg
gesammelt haben.

Als Erstes möchte ich dabei einige Grundsätze oder man könnte
auch sagen, „grundlegende innere Einstellungen" beschreiben, die
meiner Erfahrung nach einen Schlüssel dazu bieten, den Jakobsweg wirklich in seiner vollen spirituellen Tiefe und Weite auszuschöpfen. Man könnte diese Grundsätze auch – vielleicht etwas
altmodisch – „Gebote", „Tugenden" oder „Grundhaltungen" des
Pilgerns nennen. Der nun folgende Teil gibt einen ersten groben
Überblick über sie, später werde ich an praktischen Beispielen
noch konkreter auf sie eingehen.

Eines möchte ich Ihnen aber noch ganz am Anfang mit auf
Ihren Weg geben: Spiritualität ist – wenngleich manche auch
eine hochtrabende Wissenschaft oder einen aufgeblasenen
Hokuspokus daraus machen – eigentlich weder kompliziert, ob-
skur noch irgendwie abgehoben. Spiritualität ist etwas zutiefst
Menschliches, und man muss seiner eigenen Spiritualität nur
etwas Freiheit und Pflege geben, um sie ähnlich wie die Knospe
einer Blume in sich selbst zur Entfaltung zu bringen. Auch Sie
sind ein spiritueller Mensch. Nehmen Sie deshalb Ihre Sehn-
süchte, Hoffnungen und Fragen und alles das, was Sie innerlich

bewegt, ernst und lassen Sie diese inneren emotionalen und see-
lischen Bewegungen, die in Ihnen aufkommen, einfach zu. Ihre
Spiritualität wird sich dann ganz von alleine entfalten. Auf dem
Jakobsweg finden Sie das richtige Klima für einen spirituellen
Frühling. Trauen Sie sich also einfach zu leben!

Warum und wie pilgern? – Die fünf „Gebote" für den Weg

Was unter „Pilgern" zu verstehen ist, lässt sich nicht einmal innerhalb der einzelnen Religionen eindeutig sagen. Jede Religion,
jede Weltanschauung hat eigene Vorstellungen davon, was Pilgern
bedeutet. Und diese Vorstellungen können kaum erschöpfend beschreiben, was Pilgern für den einzelnen Pilger bedeutet. Pilgern
kann also von vielen verschiedenen Blickwinkeln her gesehen, erlebt und gelebt werden, und keiner dieser „Zu-gänge" ist der einzig
gültige. Dennoch gibt es einige grundlegende Erfahrungen und
Haltungen, die wohl für jeden Pilger irgendwann auf die eine oder
andere Weise wichtig werden und die es nahelegen, dann vom
„Pilgern" zu sprechen. Wie angekündigt, werde ich diese „Grundhaltungen" oder „Prinzipien" des Pilgerns hier kurz vorstellen. In
späteren Kapiteln werde ich dann immer wieder auf sie verweisen.

Gehen
Sicher werden Sie sich nun fragen, warum hier als Erstes eine
scheinbar so banale und selbstverständliche Tätigkeit wie das
„Gehen" als grundlegende innere Einstellung genannt wird. Nun,
zum einen ist es durchaus nicht selbstverständlich, dass ein Pilger geht. Viele fahren mit dem Rad, dem Auto oder dem Bus. Ich
möchte Sie also zum Ersten dazu ermuntern, auf Ihrem Pilgerweg das Gehen bewusst als Heran-gehens-weise an den Weg zu
nutzen. Wenn Sie sich bewusst auf das Gehen einlassen, werden
Sie immer mehr verstehen, dass Gehen nicht allein eine körperliche, sondern auch eine spirituelle Tätigkeit sein kann. Lassen
Sie mich vorab einige Gedanken dazu ausführen, um Sie von dieser Idee zu überzeugen.

Im Deutschen finden sich wie in allen anderen Sprachen viele Redensarten, die mit dem Gehen in Verbindung stehen. Man spricht davon, dass „es wieder bergauf geht", man „einen neuen Weg einschlägt", „jemandem einen Stein in den Weg legt", „den nächsten Schritt wagt" oder „zu weit gegangen ist". Es ist dabei kein Zufall, dass wir uns in unserer Sprache unbewusst so oft eines Vergleiches mit dem Gehen bedienen, wenn wir grundlegende menschliche Erfahrungen ausdrücken wollen. Gehen ist nämlich eine sehr ursprüngliche Erfahrung, mit der wir viele unserer späteren Erfahrungen vergleichen. Als Sie als Kind das erste Mal auf eigenen Füßen standen, öffnete sich ein neuer, erstaunlicher Horizont für Sie. Als Sie dann später zum ersten Mal die Hand Ihrer Eltern losließen und die ersten wackeligen Schritte wagten, machten Sie mit einer Mischung des Gefühls von Schauer und Triumph Ihre ersten Schritte in Ihre Selbständigkeit. Gehen ist daher von „Kindesbeinen an" bewusst – und noch viel mehr unbewusst – eng mit der Erfahrung der persönlichen Freiheit und Reife verknüpft.

Heute drückt sich Mobilität vordergründig durch den Besitz eines Autos oder eines Flugtickets aus. Informationen werden scheinbar durch moderne Informationstechniken gewonnen und nicht mehr dadurch, dass man sich „auf den Weg der persönlichen Erkenntnis begibt".

Wer aber hinter die Fassade unserer Gesellschaft schaut, wird bald erkennen, dass eine so gewonnene persönliche Freiheit und Reife innerlich hohl bleiben. Daher sucht der moderne Mensch vermehrt wieder nach wirklicher persönlicher Erfahrung. Er versucht, sich an die ersten Schritte seines Lebens zu erinnern, reißt sich los von der fürsorglichen Hand des technisierten Alltags, stellt sich wieder „auf seine eigenen Beine" und macht sich so „auf den Weg" zu seiner verlorengegangenen persönlichen Freiheit.

Wandel

Das Wort „wandeln" bzw. „Wandel" trägt zwei Bedeutungen, die aber derselben grundlegenden menschlichen Erfahrung entspringen. Zum einen steht „wandeln" für „verwandeln" oder „verändern"; zum anderen – vielleicht etwas veraltet – für „sich bewegen". Wandel meint dabei aber nicht ein Sich-Bewegen, bei dem einfach nur Materie transportiert wird. Wandel bedeutet vielmehr, dass sich ein Körper samt Herz und Seele bewegt. So „wandelt" etwa ein Güterzug normalerweise nicht durch die Landschaft, wohl aber kann ein Mensch „durch die Gegend wandeln", oder sogar, zum Beispiel in einem Garten, „lustwandeln". Wo aber Körper und Seele sich bewegen, nimmt man „An-teil" an der Welt, die einen umgibt, und an dem, was in dieser Welt passiert. Man „ist be-wegt" von den Dingen, und „geht" – antwortend – „auf sie ein". Der Blickwinkel wird also nicht nur durch eine äußere Bewegung ständig verändert, sondern auch durch einen inneren persönlichen Prozess immer mehr „gewandelt". Meine „Sicht der Dinge" ändert sich. Die Welt erscheint neu. Dies ist im Grunde das, was in lebendiger Liebe – zu einem bestimmten Menschen oder auch zur Welt – geschieht. Jeder neue Tag kann so immer neue Wunder bringen.

Diese Chance des „Wandels", die sich durch das Gehen erschließt, ist also das erste Prinzip und Gebot des Pilgerns. Bei jedem Schritt, den Sie auf dem Jakobsweg tun werden, soll dieser Anreiz, diese Chance zum Neuwerden und Neuentdecken mitschwingen. Wo Sie körperlich Fuß vor Fuß setzen, soll auch Ihre Seele sich immer neu verankern und in gleicher Weise voranschreiten, so dass sie abends von den vielen neuen Eindrücken ebenso müde und zufrieden ist wie Ihre Füße.

Offenheit
Richtig verstandenes Pilgern fordert und fördert persönliche Offenheit und Weite. Der schützende Raum des Alltags wird verlassen. Wo gestern noch ein Kühlschrank, ein Bett, altbekannte Menschen und der gewohnte Tagesablauf Sicherheit gaben, stehen nun Wegkreuze, Wind und Wetter. Innere und äußere Fragen kommen auf, und das innere und äußere Auge muss sich weit öffnen, um in der Fremde am Horizont das zu erkennen, was der Mensch täglich zum körperlichen, emotionalen und geistigen Überleben braucht. Wer noch gestern zu wissen glaubte,

was er von der Welt, Gott und den Menschen zu denken hat, dem offenbaren sich jetzt vielleicht die Grenzen dieses Wissens. Er „stößt" auf Grenzen.

Genau hier liegt die Chance zu einer äußerlichen und innerlichen Verwandlung. Als Pilger müssen Sie sich auf Umstände „einstellen" und kommen oft nicht „um-hin", Ihre Pläne vielleicht für manches Widrige und Unannehmliche „aufzubrechen". Unter Umständen müssen Sie dabei auch einmal die eine oder andere eigene Überzeugung „aussetzen" oder vorgefasste Wünsche „hintanstellen". Nur so kann aber Ihr „Weltgefüge" in Bewegung kommen, und Sie erleben, was es heißt, sich zu wandeln, zu reifen und seinen Horizont zu weiten. Die Bereitschaft, dies zuzulassen, ist die innere Haltung der Offenheit.

Diese Offenheit ist wichtig für die großen und kleinen äußeren und inneren Dinge des Lebens auf dem Weg. Sie ist entscheidend dafür, wie Sie das Farb- und Formenspiel der Natur, aber auch die Zuwendung eines Menschen, dem Sie auf dem Weg begegnen, für sich entdecken und annehmen können. Je offener Sie sind, desto leichter machen Sie es der Welt, Ihnen etwas zu geben und zu schenken. Je länger Sie diese Offenheit eingeübt haben, umso leichter wird es Ihnen fallen, zu „wandeln", d. h. voranzuschreiten, sich dabei auf die Welt wirklich einzulassen und dann selbst „verwandelt" wieder den nächsten Schritt zu tun.

Im vorhergegangenen Abschnitt dieses Kapitels war vom auch eben erwähnten „Wandel" die Rede. Man könnte trefflich darüber streiten, ob dieser Abschnitt nicht besser im Anschluss an dieses Kapitel aufgehoben wäre. Nun, mit dieser Frage verhält es sich wohl so wie mit der Frage nach der Henne und dem Ei – beides, Wandel und Offenheit, bedingt sich gegenseitig und keines kann ohne das andere existieren. Die Offenheit macht den Wandel erst möglich. Andererseits setzt Offenheit auch oft erst einen inneren persönlichen Wandel voraus oder steht an dessen Anfang. Egal wie man die Sache nun sieht – als „Wandel zur Offenheit" oder als „Offenheit zum Wandel" –, eines erscheint hierbei in jedem Fall eine wichtige spirituelle Erfahrung zu sein: Wandel und Offenheit können wie auch viele anderen spirituellen „Errungenschaften" letztendlich nicht durch Askese oder irgendetwas anderes erzwungen werden. Sie stellen sich vielmehr sozusagen von alleine ein, wenn man sie einfach an sich geschehen lässt, wenn man also bereit ist, sie als ein Geschenk anzunehmen. Um ein Geschenk anzunehmen, braucht es nicht mehr, aber auch nicht weniger als eine persönliche Entscheidung, die Sie für sich zu treffen haben. Wer sich vor dieser Entscheidung fürchtet, kann es fertigbringen, Tausende Kilometer auf dem Jakobsweg zu wandern, ohne sich wirklich zu wandeln und innerlich zu öffnen. Haben Sie also keine Angst vor dieser Entscheidung, die Sie letztlich ins Leben führen wird und ohne die Sie kaum in der Lage sein werden, die Schätze, die der Jakobsweg für Sie bereithält, wirklich zu heben.

Einfachheit

Der Pilger bricht von zu Hause auf, und von dem Moment an, da er aus dem Auto, Flugzeug oder Zug steigt, wird sein Leben radikal einfach: Vor ihm befindet sich ein Wegweiser, der ihn nur selten vor die Wahl stellt, ob er nun nach rechts oder besser doch nach links oder eventuell halblinks gehen soll. Auf dem Rücken trägt er einen Rucksack von 6 bis 12 kg, in den nun alles passt, was er wirklich zum Überleben braucht. Seine tägliche Aufgabe und sein Tagesablauf sind klar geordnet: Gehen, Essen, Schlafen. Die vielen kleinen und großen Sorgen des Alltags hat er zu Hause gelassen, als er den Rucksack packte. Das Ziel ist klar: Santiago. Klar ist ebenso das, was man tun muss, um es zu erreichen: gehen, gehen, gehen. Ein einfaches Leben in einer angenehm einfachen Welt. Wer ein solch einfaches Leben zu leben weiß, der verwandelt sich: Er lernt (wieder), einfach und ursprünglich zu denken und zu fühlen, und entdeckt vielleicht durch seine selbst gewählte materielle Armut auf wunderbare Weise einen inneren Reichtum, der ihn in manchen Momenten unbeschreiblich glücklich machen kann.

Die „Einfachheit" ist also der dritte Grundsatz des Pilgerns. Sie „erleichtert" das Leben ungemein. Sie räumt das Unnötige hinaus und schafft Raum für Neues und für Wesentliches. Sie fördert dadurch Offenheit und Wandel.

Begegnung

Wo ein Mensch sich auf den Weg macht und bereit ist, sich von der Welt innerlich und äußerlich berühren zu lassen; wo ein Mensch seine Sinne, sein Denken und sein Fühlen öffnet und eine äußere materielle Armut den Hunger nach einem inneren geistigen Leben weckt, da ist „der Weg frei" für eine echte menschliche Begegnung. Begegnen bedeutet hier nicht allein ein Aufeinandertreffen, sondern steht dafür, dass etwas wirklich wahr-genommen wird. Man blickt es an, hört hinein, kostet es aus, fängt an, es wirklich zu verstehen, und beginnt vielleicht schließlich langsam, es zu lieben. Begegnung ist möglich mit dem Weg, Begegnung ist möglich mit der Natur am Weg und auch mit den Kulturen und ihren Traditionen, die diesen Weg prägen. Begegnung ist möglich mit den Menschen am Weg, mit den Ortsansässigen in ihrem Alltag oder mit dem Pilgerbruder oder der Pilgerschwester, die so wie Sie auf dem Weg ist. Begegnung kann schließlich auch über das Zwischenmenschliche hinausreichen und die im engeren Sinn „spirituelle" Dimension berühren. Begegnung kann die Grenzen des Vorstellbaren sprengen, kann die kühnsten Erwartungen durchbrechen, kann einen aus seiner engen kleinen Welt regelrecht herausreißen. Damit führt Begegnung zu dem, was Theologen die „Trans-zendenz" nennen, die „Über-schreitung". Diese Überschreitung kann mit dem Körper beim Gehen Schritt für Schritt eingeübt werden und jeder Schritt kann so ein Schritt auf den anderen zu sein.

Nach der „Einfachheit", die den Pilger ganz nüchtern „auf den Boden der Realität" holen kann, folgt also die „Begegnung" als vierte Grunderfahrung des Pilgerns. Die Begegnung mit dem anderen kann so dem täglichen Streben nach Wandel, Offenheit und Einfachheit erst wirklich einen Sinn geben.

Spiritualität

In den Augen der meisten Pilger macht das Spirituelle das Wandern erst zum Pilgern. Meiner Meinung nach ist die spirituelle Dimension für das Pilgern genauso grundlegend wie der zuerst genannte Grundsatz des Gehens. Spiritualität sollte aber trotzdem genauso wie auch das Gehen nicht als selbstverständlich vorausgesetzt werden, sondern ganz im Gegenteil, jeden Tag bewusst gesucht und gelebt werden, denn wie in der Bibel schon steht: „Wer suchet, der findet – wer anklopft, dem wird aufgetan werden." Wer aber nach etwas suchen will, der sollte vorher auch eine vage Vorstellung davon haben, wonach er nun eigentlich Ausschau hält. Was ist aber nun unter „Spiritualität" zu verstehen – nach was sucht man, wenn man sie auf dem Weg aufspüren will?

In der Hinführung zu diesem Buch war bereits die Rede von diesem Wort, das etwas letztlich Unbegreifliches beschreibt und deshalb wohl auch nie allgemeingültig definiert werden kann. „Spiritualität" meint im wörtlichen Sinne so viel wie „Geistlichkeit". Was ist aber konkret darunter zu verstehen? Letztlich hat jede Religion und auch jeder Pilger eine eigene Vorstellung davon, was sich hinter dem, was man „Spiritualität" nennt, verbirgt. Für den einen ist es ganz im traditionellen Sinne die Verehrung des heiligen Jakobus, dessen Gebeine der Legende nach in Santiago begraben liegen und dem man durch seine Pilgerreise die Ehre erweist oder von dem man sich Vergebung oder Heilung verspricht. Für andere steht Spiritualität schlicht für jene Dimension der Welt, die nicht rational erklärbar ist. Viele sehen in Spiritualität dagegen ganz besonders die Beziehung zu sich selbst, zum „Kern der Wirklichkeit" oder versuchen, wenn sie Spiritualität praktizieren, „Gott" im Gebet anzurufen. Kurz: Die Vorstellungen davon, was Spiritualität ist, sind vielfältig - deshalb aber noch lange nicht beliebig. Sicher sollten Sie schon vorher eine schwache Ahnung davon haben, was Spiritualität für Sie bedeutet, wenn sich auf den Weg machen, um diese dort zu erleben. Andererseits gelten auch bei der Suche nach Spiritualität die Pilgergrundsätze der Offenheit und des Wandels. Versteifen Sie sich also in Ihrer Suche nach Spiritualität nicht auf Altbekanntes, sondern seien Sie auch offen für spirituelle Begegnungen, die in der Lage sind, Sie zu überraschen, dann kann sich auch Ihr Blick dafür weiten, was Spiritualität alles sein kann und wie viel ungeahnte Spiritualität in Ihnen steckt.

In dem Klima der Offenheit und Begegnung, das Sie auf dem Jakobsweg finden werden, werden Sie dann so sicher auch spirituelle Erfahrungen machen. Das braucht nichts Spektakuläres zu sein, sondern es sind ganz einfach Erlebnisse, die sozusagen Ihr „Herz", Ihren „Geist" oder Ihre „Seele" berühren. Es sind Erfahrungen, in denen auch das erlebt, oder zumindest erahnt werden kann, was ich persönlich – in der Redensart meines christlichen Glaubens – „Gott" nenne. Sollte Sie diese Bezeichnung stören, so können Sie für sich auch ein anderes Wort wählen.

Was dieser „spirituelle Jakobsweg-Coach" für Sie sein möchte

Eigentlich war es bisher mein Job, praktische Pilgerführer mit genauen Wegbeschreibungen, aktuellen Preisen für Herbergen und Museen sowie auch einigen kulturellen Hintergründen zu geschichtsträchtigen Orten usw. zu verfassen. Kurz: Ich schrieb Führer, die das praktische alltägliche Leben der Pilger erleichtern sollen. Als ich später einen allgemeinen praktischen Ratgeber für Pilger verfasste, fiel es mir immer schwerer, beim Thema zu bleiben, denn, was Sie wahrscheinlich auch als Pilger auf dem Weg erfahren werden, wurde auch mir beim Schreiben meiner Bücher immer unausweichlicher deutlich: Die Beschreibung des Jakobswegs, der in seinem tiefsten Inneren ein Pilgerweg, also spiritueller Weg ist, kann sich nicht in Äußerlichkeiten, wie sie in einem praktischen Pilgerführer dargestellt werden, erschöpfen. Diese Äußerlichkeiten – so lebenswichtig sie auch sein mögen –, sie sind doch untrennbar mit dem wesentlichen inneren Kern des Weges verbunden, und dieser ist das spirituelle Leben der Pilger. Aus meiner eigenen Wegerfahrung heraus und auch aus der Begegnung meiner „Kunden" war es mir deshalb ein Anliegen, meinen Lesern ein Buch an die Hand zu geben, das ganz im Sinne eines praktischen Ratgebers dieser spirituellen Dimension des Weges gerecht werden sollte. Ein „tragbares" Buch also, das nach dem Schweiß und dem Staub des Pilgerlebens „riecht" und das für einen müden Pilger ohne höhere Bildung auch beim Lesen in einer belebten Pilgerherberge auf Anhieb verständlich ist.

Jeder Mensch hat seine eigene „spirituelle Antenne", so wie er auch seine eigenen zwei Beine hat. Kein Führer kann diesen Beinen vorschreiben, wohin sie gehen sollen. Genauso wenig kann und will dieser spirituelle Begleiter Ihnen vorschreiben, wie und was Sie mit Ihrer „Antenne" zu empfangen haben. Die spirituellen Schätze des Weges können nur Sie alleine für sich heben. Jeder Mensch ist spirituell begabt und ist somit in der Lage, ein spirituelles Leben zu führen und dieses durch persönliche Erfahrungen immer weiter zu vertiefen. Ganz besonders gilt dies wohl für Menschen, die sich vom Jakobsweg gerufen fühlen. Es wäre deshalb ein Widerspruch in sich, würde ein Ratgeber für Pilger, welcher die persönliche Selbstverantwortung als grundlegend voraussetzt, gleichzeitig bezweifeln, dass ein Pilger auch alleine seinen eigenen spirituellen Weg finden könnte.

Erwarten Sie hier auch keine theologische, pädagogische oder psychologische Abhandlung. Dieses Buch ist nicht im Studierzimmer entstanden, sondern auf dem Weg gereift und für den Weg geschrieben und sein Verfasser ist ein Pilger unter Pilgern. Betrachten Sie mich bzw. mein Buch also als einen Pilgerbruder auf Ihrem Weg, der Sie während des gemeinsamen Gehens gelegentlich anspricht und Sie auf etwas aufmerksam macht, das er gerade gesehen, gehört, gedacht oder gefühlt hat und nun mit Ihnen teilen möchte. Ich will versuchen, Ihnen dabei behilflich zu sein, Ihre Augen, Ohren und Sinne zu öffnen, damit Sie mutig von Ihrer geistigen Antenne Gebrauch machen und so zu eigenen Erkenntnissen kommen, die nicht in diesem und auch in keinem anderen Buch beschrieben sind.

Noch ein praktischer Rat: Vielleicht wollen Sie auf dem Weg ab und zu die Bibel zur Hand nehmen, sie aber aus Gewichtsgründen nicht gleich als Ganzes in den Rucksack packen. Dann empfiehlt es sich, vor der Abreise einige Seiten davon doppelseitig zu kopieren. Nachfolgend die Bibelstellen, auf die ich in diesem

Text gelegentlich verweisen werde, sowie einige weitere, die gut zur Wegerfahrung passen: Genesis 3,1; 22,1–19; Exodus 3,1–15; 1 Könige 19; Psalm 23f. (24f.); Jona 1,3; Matthäus 4; 10,7; 10,10; Lukas 2,41–52; 6,1–11; 7,2–10; 7,11–16; 8,1f.; 9,51f.; 10,30; 13,33; 18,35–43; 19,1–10; 24,13ff.; Johannes 12,35; 14,4–6; Stellen über den heiligen Jakobus finden Sie unter: Markus 1,19.29; 5,37; 9,2; 10,35–41; 13,3; 14,33; Johannes 21,2; Apostelgeschichte 12.

Sonnenaufgang auf der Via Podensis

1. Kapitel

Er-leben Sie den Jakobsweg!

Was meine ich mit dieser Überschrift? Sie können, wenn Sie in Spanien oder Frankreich das Linienflugzeug verlassen und schließlich Ihr Gepäck vom Transportband gehoben haben, so weitermachen, wie Sie es wohl von Ihrem Alltag her gewohnt sind: Sie setzen also alles daran, in möglichst kurzer Zeit und unter Verbrauch möglichst geringer materieller und persönlicher Ressourcen das vorab gesetzte Ziel zu erreichen. Sie gehen dabei möglichst effizient vor und schieben alles zur Seite, was Sie daran hindert, das zu tun, was Sie sich in den Kopf gesetzt haben. Sie hetzen also weiter durch Spanien, bis Sie schließlich den Jakobsweg erreichen, und machen sich noch unbedingt am selben Tag einen akribisch genauen Plan, an welchem der folgenden Tage Sie wie viele Kilometer gehen werden, bis Sie schließlich in Santiago ankommen. Wenn Sie dann endlich in einigen Wochen (urlaubsreif) im Ziel eingelaufen sind, haben Sie es mal wieder sich und allen bewiesen, und Sie können, zu Hause angekommen, stolz Ihre Pilgerurkunde, die „Compostela", in Ihrem Büro oder über Ihrem Sofa aufhängen und aller Welt erzählen, dass Sie nun auch wissen, was es heißt, ein Pilger zu sein.

Irrtum. Das war nichts. Zurück an den Start und noch einmal alles von vorne! Denn Sie waren zwar auf dem Jakobsweg unterwegs, aber nicht als Pilger. Mit anderen Worten: Sie waren im Kino, aber, obwohl Sie es wohl bis zuletzt nicht bemerkt haben, saßen Sie im vollkommen falschen Film.

Im Alltag sind Sie täglich damit beschäftigt, sich etwas zu er-wirtschaften, zu er-kämpfen, ein Ziel zu er-reichen und vieles mehr. Es bedarf keines Psychologiestudiums, um zu prognostizieren, dass Sie, wenn Sie aus dem Flugzeug steigen, nicht von heute auf morgen dazu in der Lage sein werden, plötzlich Ihrer Welt ganz anders zu begegnen, als Sie dies von zu Hause gewohnt sind, und wofür Sie meist auch mit Anerkennung und Geld belohnt werden. Gerade wir Eingeborenen des deutschen Kulturkreises sind ja Weltmeister darin, mit Scheuklappen durch die Gegend zu rennen, die es uns erlauben, unsere Ziele effizient zu verfolgen. Ohne es zu merken, geht man dann auch oft „über Leichen" – und sei es die Leiche des eigenen Gefühls oder der eigenen Seele.

Wenn Sie auf dem Jakobsweg sind, befindet sich Ihre Seele auf Kur. Das heißt, es ist Ihnen eine Zeit geschenkt worden, in der Sie von ganzem Herzen „leben" dürfen und sollen. Ihre Aufgabe ist es nun, einen der wunderbarsten Orte dieser Welt wie eine „Infusion von Leben" täglich in Ihre Seele aufzusaugen d. h. zu „er-leben". Er-leben Sie sich also den Jakobsweg! Feiern Sie ein 800 km langes Fest der Sinne, des Herzens und der Seele! Entdecken Sie Ihre alte kindliche Freude am Leben wieder und verfallen Sie dabei vielleicht der rätselhaften Sucht nach dem Leben als Pilger, die Tausende von glücklichen Menschen jedes Jahr immer aufs Neue zurück auf den Weg führt. (Auch ich bekenne mich übrigens gerne zu dieser „Sucht".)

„Er-leben" will gelernt sein. Man sagt dieses Wort so einfach dahin und behauptet, dieses oder jenes „auch schon erlebt" zu haben. Meiner Meinung nach ist die Tätigkeit des Er-lebens aber eine sehr anspruchsvolle, ja vielleicht die anspruchsvollste Tätigkeit überhaupt. Es mag ja sein, dass Sie schon einmal mit 140 km um 6:00 Uhr in der Früh auf der Autobahn unterwegs waren (vielleicht, um zur Arbeit zu fahren). Ob Sie dabei aber den Sonnenaufgang wirklich intensiv er-lebt haben, wage ich zu bezweifeln. Erleben bedeutet, etwas so wahrzunehmen, dass dieses Etwas eine echte Bedeutung für Ihr Leben, für Ihr Herz, für Ihre Seele bekommt. Erleben beginnt mit an-schauen, an-hören, riechen („be-schnuppern") und schmecken („ab-schlecken"). Erleben verlangt, die Dinge zu er-spüren, zu ver-stehen, zu durch-dringen. Eine junge, kaum volljährige Kanadierin drückte Ihren Traum vom Pilgerleben einmal so aus: „Wir müssen lernen glücklich zu sein." Ein älterer Herr aus Spanien verriet mir: „Bedingungslose Liebe, das ist das, was ich hier noch lernen will." Der bekannte deutsche Komiker und Entertainer Hape Kerkeling sprach zur Überraschung vieler davon, auf dem Weg „Gott begegnen" zu wollen.

Was ich Ihnen damit sagen will, ist, dass Er-leben genauso wie das Leben selbst eine hohe Kunst ist, die für jeden eine andere Bedeutung hat. Auf dem Jakobsweg können wir nicht nur lernen, diesen speziellen Weg so ganzheitlich wie möglich zu erleben, sondern das Abenteuer wagen, uns dazu vorzutasten, was es bedeutet, überhaupt zu „er-leben". Der Jakobsweg ist ein Lebens-weg, eine große Lebensschule, ein Abbild und vielleicht auch eine Vorausschau unseres Lebensweges. Ich möchte Ihnen im folgenden Teil einige Anregungen geben, die Ihnen helfen könnten, den Jakobsweg als Lebens-weg noch besser zu verstehen und seine verschiedenen Dimensionen noch intensiver für sich zu er-leben.

Zeit und Raum ausloten

Dass Zeit und Raum relative Dinge sind, haben lebenserfahrene Menschen schon Jahrhunderte vor der Erfindung der Relativitätstheorie durch Albert Einstein erkannt. Sie haben nun auf dem Jakobsweg selbst täglich die Möglichkeit, diesen Umstand für sich persönlich zu er-leben, was Ihnen wahrscheinlich mehr für Ihr Leben bringen wird als ein Studium der höheren Physik. Wer die phantastische Geschichte der kleinen Momo von Michael Ende kennt, ahnt wohl schon, wohin meine Gedanken Sie nun führen wollen: Momo, die ähnlich einer Pilgerin ohne großen Besitz in den Tag hinein lebt, führt einen erbitterten Kampf gegen mysteriöse Zeitdiebe, die ihren Freunden die Zeit stehlen. Die dunklen Gesellen behaupten, man könne Zeit einsparen, indem man unnütze Dinge wie Spielen, Genießen und das Verschenken von Zeit an Freunde unterlässt. Gleichzeitig bieten die geschäftstüchtigen Betrüger den Menschen an, deren Zeit auf einer Zeitsparkasse sicher zu hinterlegen. Die gespart geglaubte Zeit ist natürlich für den Sparer verloren und geht direkt auf das Konto der nach dem Schneeballprinzip arbeitenden und Vampiren sehr ähnlichen Zeitdiebe. Unter Führung einer artspezifisch langsamen Schildkröte besiegte die kleine Momo schließlich die

Zeitdiebe. Was war geschehen? Momo bewegte sich so langsam, dass sie eine Dimension in Zeit und Raum erreichte, welche die Zeitdiebe in deren selbstgeschaffenen Zeitnot nicht erreichen konnten, und besiegte von dort aus die Bösewichte.

Wollen Sie den Jakobsweg wirklich er-leben, so ist dies das erste „Gebot der Stunde": Nehmen Sie sich Zeit! Es gibt wenige Dinge, die dem Menschen so viele Rätsel aufgeben wie die eigene Zeit. Wir sprechen davon, dass die Zeit „ver-geht" oder „stillzustehen scheint". Wie wir Zeit „er-leben", ist also sehr eng mit Tätigkeiten wie dem Gehen oder aber dem Stehen verbunden. Wann Ihre Zeit „wie im Fluge vergeht" und wann Sie so „stehen bleibt", dass eine Sekunde schon fast so lange wie eine Ewigkeit zu dauern scheint, das können Sie auf dem Jakobsweg selbst intensiv studieren. Und wenn Sie etwas erreichen wollen, so müssen Sie sich Zeit dafür nehmen – das ist logisch. Nehmen Sie sich also Zeit für Ihr „Zeitstudium". Experimentieren Sie mit der Zeit auf spielerische und phantasievolle Art. Versuchen Sie, die Zeit nicht in zweifelhaften Zeitsparkassen zu hinterlegen, sondern investieren Sie Ihre persönliche Zeit in Ihr persönliches Glück. Sie werden nun fragen, wo und wann Sie nun genau investieren sollen. Ich stelle Ihnen die Gegenfrage, wann und wo Sie glücklich sind, wenn dies Ihnen wirklich gelingt. Natürlich können Sie schon jetzt viel für Ihr späteres Glück tun, aber Glücklichsein selber spielt sich immer im Hier und Jetzt ab. Auch wenn Sie zum Beispiel während der Mittagspause auf Ihrem Bürostuhl sitzen und 10 Sekunden lang von Ihrem neuen Schwarm träumen, den Sie vor einigen Tagen während eines Wolkenbruchs in einem überfüllten Bushäuschen kennen gelernt haben: Sie sind in diesem Moment im Hier und Jetzt glücklich und auf keinen Fall in der Vergangenheit oder in der Zukunft oder an irgendeinem anderen Ort. Wenn Sie also Zeit glückbringend investieren wollen, dann tun Sie es mit einer deutlichen Priorität im Hier und Jetzt – Träume mit eingeschlossen.

Je mehr Zeit Sie sich nehmen, etwas anzuschauen, hinzuhören oder sich in etwas hineinzufühlen, umso tiefer können Sie es wohl auch erleben. Wenn Sie also auf dem Jakobsweg gehen und

Ihnen plötzlich ein wunderbarer fremder Duft in die Nase steigt, dann vergessen Sie erst einmal Ihr noch gestern in naiver Unwissenheit gestecktes Tagesziel und verlangsamen Sie Ihren Schritt. Gehen Sie dem Duft sofort und jetzt nach, denn es kann sein, dass Sie schon morgen einen Schnupfen haben oder dass gerade hier eine seltene Pflanze blüht, die auf dem ganzen Jakobsweg nur ein einziges Mal zu finden ist, und deren Duft schon beim nächsten Windhauch verflogen ist. Schämen Sie sich nicht, wie ein schnüffelnder junger Hund durch die Felder zu ziehen, bis Sie die Pflanze schließlich gefunden haben. Legen Sie sich neben sie in die Sonne und ziehen Sie ihren Duft, wenn Sie wollen, eine Stunde lang, bis in die Spitzen Ihrer beiden Lungenflügel. Tun Sie all dies mit dem befriedigenden Gefühl, dabei sogar Geld zu sparen, denn so mancher bedauernswerter Großstadtbewohner zahlt für eine nicht halb so gute Aromatherapie eine zweistellige Summe ...

Wenn Sie nun den Duft der Pflanze in sich aufgenommen haben und die oder der schöne Pilger/in, die/den Sie schon heute Morgen aus dem Badezimmer kommen sahen, gerade jetzt summend an Ihnen vorbeiläuft, dann packen Sie gemächlich Ihren Rucksack und folgen Sie dem/der Auserwählten unauffällig in zunehmend geringer werdendem Abstand. Gedopt von dem Geruch der Pflanze und in Anbetracht der neuen, sich nun spontan auftuenden Perspektive, werden Sie dann wahrscheinlich sowieso wieder „zufällig" in der gleichen Herberge übernachten wie er oder sie. Und so hat sich schließlich auch die Frage nach der Tagesetappe endgültig ganz von alleine erledigt.

Kaum trennbar von der Dimension der Zeit ist die des Raumes. Als Pilger brauchen Sie kein Physikstudium, um zu erkennen, dass Sie jeden Tag in einer bestimmten Zeit einen bestimmten Raum durchqueren. Versuchen Sie auf dem Weg, dies so bewusst wahr- und aufzunehmen.

Was ist nun die spirituelle Dimension des Raumes? Nur einige Beispiele: Eingangs war vom Phänomen des Wandels die Rede, also der Tatsache, dass ein bewusstes Gehen auch eine innere Verwandlung des Pilgers mit sich bringen kann. Die äußere sichtbare Erscheinung der Dinge kann auch so etwas wie ein Spiegelbild von deren Innenleben oder Wesen sein. Je nachdem, aus welcher Perspektive, Entfernung oder in welchem Licht zum Beispiel etwas gesehen wird, stellt es sich immer anders dar. Ein bisschen anders oder sogar sehr anders. Beim Pilgern erscheinen die Dinge deshalb durch die ständige Bewegung mit jedem Schritt immer etwas neu und anders und so in einer ständigen Veränderung. Die wechselnden Eindrücke verschmelzen dabei gleichsam zu einem Film, der die Welt viel besser erschließt als ein isoliertes, einzelnes Bild. Das Erleben von Raum gibt Ihnen also so die Möglichkeit, dem Wandel oder besser: der Lebendigkeit der Welt ein Stück weit „nachzugehen". Alles ist in Bewegung und deshalb im Wandel begriffen. Nichts hat nur eine Seite, so dass es nicht auch von einer anderen Seite aus gesehen werden könnte. So wird Ihnen beim Gehen die „Tiefe" des Raums und damit die geistige Tiefe der Welt erfahrbar. Im Alltag kann diese Tiefe oft verloren gehen. Beim Gehen kann die Erfahrung solcher Tiefe mit der Zeit und Schritt für Schritt das Fühlen und Denken des Pilgers prägen, und so wird die Tiefe der Welt Schritt für Schritt zu einer „er-lebten" Gewissheit. Wenn Sie vom Jakobsweg heimkommen, werden Sie dies vielleicht besser verstehen.

Als eben von Zeitdieben und dem Geruch von Blumen die Rede war, konnte der Eindruck entstehen, dass es wohl grundsätzlich zu empfehlen wäre, den Jakobsweg möglichst langsam zu gehen. Denkt man hingegen an die letzteren Überlegungen, so könnte man auch zu dem gegenteiligen Schluss kommen, dass schnelles Gehen eher dem Pilgerleben entspricht. Wandel gehört ja wesentlich zum Pilgern – und dieser wird ja umso erlebbarer, je schneller er vollzogen wird.

Hier stoßen wir auf das Thema der Geschwindigkeit, einem Phänomen, das gleichzeitig mit Raum und Zeit zu tun hat. Über die richtige Geschwindigkeit, mit der man den Jakobsweg geht, lässt sich trefflich streiten: „Sie" wirft „ihm" vor, mal wieder viel zu schnell zu sein. Er kann nicht noch langsamer, weil er sonst meint, einschlafen zu müssen. Er ist deshalb schon einmal vorgegangen und ärgert sich darüber, dass sie immer noch nicht nachkommt. Wer hat recht? Wohl keiner! Jeder hat aufgrund seiner eigenen Kondition und Wahrnehmung eine andere Vorstellung davon, was die richtige Geschwindigkeit ist. Wo der eine es genießt, fliegenden Schrittes die Welt an sich vorbeiziehen zu lassen, da kann der andere nicht mehr genießen, weil er nicht mehr hinterherkommt. Wer dann trotzdem gemeinsam gehen will, muss Kompromisse eingehen.

Um den richtigen Rhythmus für sich zu finden, brauchen Sie ein feines Gespür. Einige Dinge können aber dennoch sehr hilfreich sein: Planen Sie Ihren Jakobsweg sorgfältig (zum Beispiel mit Hilfe[m]eines praktischen Ratgebers): Bemessen Sie die Zeit für Ihre Route so großzügig, dass unvorhergesehene Ereignisse Sie nicht allzu leicht in Stress versetzten. Meiden Sie überlaufene Jakobswege oder Zeiten, in denen bestimmte Strecken des Jakobsweges überlaufen sind. Kalkulieren Sie evtl. einige Übernachtungen in Pensionen oder Hotels ein, damit Sie sich am Wettrennen um das letzte Bett in den Herbergen nur dann beteiligen müssen, wenn Sie das auch wollen. Bedenken Sie, dass Sie niemand zwingt, dann anzukommen, wann „man" normalerweise ankommt. Sie haben eigentlich den ganzen Tag Zeit zum Gehen.

Experimentieren Sie mit Ihrer Geschwindigkeit: Sie können beim Gehen immer wieder die Geschwindigkeit ändern und dabei in sich hineinspüren, wie Sie sich dabei fühlen. Jede Geschwindigkeit hat einen anderen „Geschmack". Für einige Strecken scheint eine schnelle Geschwindigkeit passend, bei anderen ist es fast schon Pflicht, zu trödeln. Wenn Sie einige Tage zügig durchgegangen sind und den Eindruck gewinnen, dass Sie „nur noch rennen", dann würde ich Ihnen empfehlen, zwei oder drei Tage in Folge ca. 5 bis 10 km pro Tag weniger zu gehen als zuletzt. Wahrscheinlich wird Sie zunächst etwas Langeweile überkommen. Versuchen Sie dann aber das so entstandene Loch dadurch zu füllen, dass Sie beim langsameren Gehen die Dinge auf dem Weg mit allen Ihren Sinnen genauer wahrnehmen und auch ab und zu an jenen Stellen einen kurzen Halt machen, die Sie in irgendeiner Weise ansprechen.

Fallen Sie nicht von einem Extrem ins andere: Wenn Sie so er-schöpft sind, dass Sie glauben, einen ganzen Tag Pause zu brauchen, dann haben Sie wahrscheinlich etwas falsch gemacht. Gebrau-chen Sie den nächsten Tag besser dazu, weniger, aber bewusstere Schritte zu machen. Totaler räumlicher „Still-stand" entspricht m. E. aber nur in seltenen Fällen dem Pilgergeist. Gehen Sie zu-mindest einige Kilometer oder vom einen Ende der Stadt bis zum anderen.

Lassen Sie sich von niemandem und auch nicht von sich sel-ber unter Zeitdruck setzen: Lassen Sie sich also von keinem be-wusst oder unbewusst eine Geschwindigkeit oder einen Zeitplan aufdrängen, wenn Sie Ihren Rhythmus gefunden haben. Geben Sie Pilgern, die dies versuchen, genug Zeit, sich von Ihnen zu entfernen, und suchen Sie sich dann lieber Partner, die Ihren Rhythmus gehen oder von deren Rhythmus Sie lernen wollen. Glauben Sie auch nicht, Sie müssten, nur weil Sie vor zehn Jah-ren den Jakobsweg in einer bestimmten Zeit gegangen sind, dies in diesem Jahr wieder in derselben oder gar einer kürzeren Zeit tun. Ihre Uhr ist eigentlich das Relikt einer lästigen Gewohnheit aus Ihrem Alltag. Das Gleiche gilt auch für viele andere Dinge. Lesen Sie hierzu die Ausführungen im späteren Kapitel „Lasten gewichten – Begleiter auswählen".

Noch ein Tipp zu einer besonderen Erfahrung der Dimension des Raumes: Eventuell bringt es Ihnen etwas, wenn Sie auf dem Weg (oder Heimweg) auch einmal ein kleineres oder größeres Stück zurück, in die entgegengesetzte Richtung, gehen. So können Sie diesen Weg aus einer völlig anderen Perspektive betrachten. Viel-leicht machen Sie dabei interessante Entdeckungen.

Natur erfahren

Franziskus, der Sohn eines reichen Händlers, könnte als ein Abenteurer und Lebemensch beschrieben werden, der alle Ge-legenheiten der „Fun-Gesellschaft" seiner Zeit nutzte, die sich ihm boten. Seine Abenteuerlust trieb ihn als Soldat in die Ferne.

Als der Sonnyboy aber nach einer schweren Kriegsverwundung heimkehrte, schien er wie verwandelt. Er verließ das reiche Elternhaus und suchte Armut und Einsamkeit. Er tauschte Wohlstand und Ansehen gegen ein einfaches Leben, um mit sich, mit der Welt und mit Gott ins Lot zu kommen. Bald verbreitete sich das Gerücht, der „komische Heilige" predige den Vögeln und spreche mit den wilden Tieren. Solche Geschichten wollen wohl deutlich machen, wie sehr er nun im Einklang mit der Natur und seiner Mitwelt lebte.

In dieser Einfachheit hat er eine Hymne verfasst, ein Gedicht, ein Lied, in dem er die Schönheit der Schöpfung beschrieb. Als „Sonnengesang des heiligen Franziskus" ist dieses Lied heute nicht nur unter Christen bekannt; von der „Hitliste" der spirituellen Poesie ist es nicht mehr wegzudenken. So gründete der Jüngling aus dem italienischen Assisi den Orden der Franziskaner und leitete damit in der damals verdächtig reichen Kirche eine Reformbewegung ein, die Einfachheit und Armut predigte und deren Ideen zu seiner Zeit eine heute nur noch schwer vorstellbare Sprengkraft besaßen.

Die Legende berichtet, dass Franziskus höchstpersönlich auch auf dem Jakobsweg unterwegs gewesen sei und dort sogar in Villafranca del Bierzo ein Kloster gegründet habe. Geschichtswissenschaftlich ist dies umstritten. Vielleicht wurde die Story nur von seinen vielen Freunden und Verehrern in die Welt gesetzt. Mag die Geschichte auch eine fromme Erfindung sein, sie trägt wohl doch eine tiefere Wahrheit in sich: Wer dem heiligen Franz in seiner naturverbundenen und auf Einfachheit bedachten Spiritualität nachfolgen will, der ist auf dem Jakobsweg auf dem richtigen Weg.

Die Naturerfahrung ist eine sehr ursprüngliche Erfahrung, die von den Menschen schon immer auch spirituell gedeutet wird. Jede „primitive" Kultur kennt die Verehrung der Natur. Die Natur ist die Urmutter, die große „Gebärende", aber auch der Urgrund, der alles wieder in sich zurückzieht. In den sogenannten Naturreligionen geht es wesentlich um die richtige Verbindung zu den Urgewalten. Die Psychologie spricht vom „Geburtstrauma", welches das Individuum durch seine rätselhafte Trennung vom Ganzen des Kosmos erfährt, und von der lebenslangen Sehnsucht des Menschen, wieder in den Mutterschoß der Natur zurückzugelangen.

Im Christentum kann die Erzählung vom sogenannten „Sündenfall" (Genesis, Kapitel 3) als Geschichte von der Vertreibung aus dem Paradies der Natur verstanden werden. Von diesem Ereignis an ist das Verhältnis des Menschen zur Natur ein gespanntes; der Acker ist voller Steine und Dornen, und am Boden lauert die Schlange und gefährdet so die Beweglichkeit und sogar das Leben des Menschen. Ursprünglich, das heißt vor der Selbstentfremdung des Menschen, ist die Natur nicht bösartig, wie ja in der Beschreibung des Paradieses zum Ausdruck kommen soll. Sie wurde – nach dem Schöpfungsbericht – von einem liebenden Gott erschaffen und sollte den Menschen fürsorglich umfangen bzw. ihn schließlich aus sich heraus gebären. Was die Natur feindselig erscheinen lässt, ist letztlich die Sünde des Menschen, die ihn aus der Harmonie mit Gott und somit auch aus der Harmonie mit dessen Schöpfung herausgerissen hat. Auch Judentum und Islam erzählen übrigens ganz ähnliche Schöpfungsgeschichten.

Was diese Geschichten im Kern sagen wollen, können Sie versuchen, für sich persönlich zu erfahren, indem Sie sich der Natur um Sie herum Schritt für Schritt weiter öffnen und so deren Geheimnis zu erahnen beginnen. Ergründen Sie auf dem Jakobsweg diese Wahrheit aus erster Hand! Indem Sie auf technische Hilfsmittel (wie zum Beispiel ein Auto) bewusst verzichten, setzen Sie sich der Natur zwangsläufig viel unmittelbarer aus als sonst. Nützen Sie dies als Chance, die Fülle und Schönheit der Natur, aber auch ihre Kargheit, ihre herausfordernde Seite, ihre Fremde auf sich „wirken zu lassen".

Viele Jakobspilger erleben ihre Verbindung mit der Natur auf dem Weg sehr intensiv. Der Mensch ist ein Kind der Natur, er ist, gleich ob er es weiß oder nicht, mit Herz und Seele mit dieser verbunden. Wer innerlich und äußerlich wieder heil werden will, für den steht der Schoß der Mutter Natur bereit. Er kann in diesen

zwar nicht zurückkehren und dort sozusagen wieder zum Embryo
werden, aber er darf sein müdes, von Sorgen und Lärm geplagtes
Haupt dort hinlegen und hier Ruhe, Geborgenheit und Trost finden. Er spürt dort Ruhe, weil er sich an einem Ort wiederfindet,
an dem ein Takt und eine Melodie vernehmbar werden, die seinem Wesen entsprechen. Er erlebt Geborgenheit, weil er sich bewusst wird, dass Mutter Natur ihm genau das geben will, was er
als Mensch zum Leben braucht. Ihm wird vielleicht auch Trost
geschenkt, weil er innerlich erahnt, dass über diesem atemberau-
benden Werk der Natur ein „höheres Gesetz" oder vielleicht so etwas wie eine unbegreifliche Liebe steht, die auch alle Ängste und
Schmerzen seiner Pilgerreise kennt, diesen einen höheren Sinn
zuordnet und so alles schlussendlich in tiefes Glück verwandelt.

Der Jakobsweg ist so nicht allein der Weg nach Santiago, sondern kann für den Pilger auch ein Weg werden, wieder neu zum
Frieden mit der Natur und zum Frieden in der Natur zu finden.
Eine echte, verwandelnde Begegnung kann erst dort gelingen, wo
der Mensch dazu bereit ist, sich auf sein Gegenüber einzulassen – sich also auf „Augenhöhe" mit ihm zu begeben. Gerade
die Natur in ihrer Weite und Tiefe fordert uns heraus, ihr als ein
„Wandernder" und „Wandelnder" zu begegnen. Nur wer etwas
an sich geschehen lässt und sich ein Stück weit der Wandlung
anvertraut, kann erfahren, was es bedeutet, „Natur" zu erleben:
ein immer wieder neues „Geborenwerden".

Wer der Natur begegnen will, ist dazu aufgerufen, sich ihr so
gut wie möglich auszusetzen, um sich so ehrlicher auf sie einlassen zu können. Um ihre äußere Größe und innere Vielfalt am
eigenen Leib zu begreifen, müssen wir ihre Dimensionen mit
unserem eigenen natürlichen Körper ermessen und erleben.
Zum Beispiel, wenn man auf dem Jakobsweg mit der Kraft der
eigenen Beine dem Lauf der Sonne so lange nachfolgt, bis dann
irgendwann am Kap Finisterre die Grenzen des Meeres der Anstrengung des Pilgerwegs auf natürliche Weise ein Ende setzen.
Das Eintauchen der Sonne in das unendliche Meer kann dabei
die Gewissheit geben, dass auch unser eigener Tod nur ein Eintauchen, ein Zurückkehren, in den Urgrund allen Lebens ist.

Gehen ist wohl eine der natürlichsten Arten der Begegnung mit der Natur. An jedem Tag, an dem der Pilger von neuem aufbricht und sich der Natur von Angesicht zu Angesicht stellt, gewinnt er mehr und mehr das Bewusstsein, ein Kind der Natur zu sein. Dabei geht es immer auch darum, die Grunddimensionen des Pilgerns, nämlich Wandel, Offenheit, Einfachheit, Begegnung und Spiritualität, ganz konkret einzuüben. Mit ein bisschen Phantasie finden Sie sicher den Weg zu Ihrer ganz persönlichen Liebesbeziehung mit der Natur. Einige Anregungen seien hier aber erlaubt. Lassen Sie sich nicht durch eine falsche, zivilisatorische Scheu davon abhalten, das zu tun, was Ihnen „tief drinnen" als richtig erscheint.

Mit jedem Teil Ihres Körpers stehen Sie in Kontakt mit der Natur. Sie ernähren sich von ihr, und Sie können sie mit allen Sinnen wahrnehmen, wenn Sie wollen. Jedes Ding und jeder Vorgang in der Natur kann deshalb so auch eine persönliche Bedeutung für Sie gewinnen. Wohlgemerkt: vorausgesetzt, Sie wollen dies.

Wenn Sie zu Hause die Kühltruhe öffnen und sich in der Mikrowelle eine Pizza warm machen, um diese eventuell auch noch vor dem laufenden Fernseher zu verzehren, werden Sie nach dieser erbärmlichen Prozedur zwar vielleicht für eine kurze Zeit etwas satter sein als vorher. Sie haben es allerdings aber leider verpasst, wirklich zu „essen", d. h. auch den „spirituellen Gehalt" Ihrer Tiefkühlpizza auszukosten. Auf dem Jakobsweg haben Sie die Möglichkeit, den „spirituellen Nährwert" der Dinge zu erforschen. Diesen Nährwert werden Sie auf keiner Nährwerttabelle finden. Sie können ihn nur selbst für sich bestimmen. Gehen Sie doch durch die Natur und schauen und riechen Sie dabei, was diese Ihnen alles anbieten will. Beobachten Sie, mit welchen Farben, Formen und Gerüchen Ihnen „Mütterchen Natur" ihre selbst gemachten Speisen schmackhaft macht. Wenn dann zum Beispiel am Wegrand wilde Brombeersträucher stehen, an denen naturentfremdete Pilger bisher ahnungslos vorbeigelaufen sind, dann nehmen Sie die freundliche Einladung an, greifen Sie zu und nehmen Sie das, was Ihnen Mutter Natur förmlich entgegenstreckt. Vergleichen Sie die Geschmacksnoten der Brombee-

ren, welche an kargen Steinhängen oder aber in der fruchtbaren
Ebene wachsen, und bestimmen Sie, gleich wie bei einer festlichen
Weinverkostung, Ihre persönliche Lieblingsorte. Schreiben Sie
diese wichtige Erfahrung in Ihr Tagebuch nieder und/oder versuchen Sie der Köchin Natur ein Feedback zu geben, denn Sie wollen
ihr ja wirklich begegnen. Wie Sie dies anstellen, dazu sind Ihrer
Phantasie keine Grenzen gesetzt. (Sie brauchen sich dabei aber
nicht unbedingt von ahnungslosen Dritten beobachten oder fotografieren lassen.) Wenn Sie dann schließlich auf dem Weg an einem
wunderschönen, ruhigen Ort mit Aussicht Ihr Picknick auspa-
cken, dann zelebrieren Sie dieses Mahl am besten wie einen echten
Erntedank: Alles, was Sie jetzt essen, ist Gabe der Natur. Sie dürfen
sich in ihrem Schoß willkommen und geborgen fühlen. Es ist für
Sie gesorgt. Nehmen Sie die Gaben dankbar in sich auf; sie werden
ein Teil von Ihnen und geben Ihnen Kraft zum Weitergehen.

Wenn Sie wollen, können Sie der Natur, „dem Universum"
oder „Gott" für das gute Essen danken, um sich dadurch wirklich
klar darüber zu werden, dass es sich hier um ein echtes Geschenk
handelt.

Danken

Danken ist auch für den Dankenden wichtig. Er erfährt dabei
nämlich das, wofür er dankt, noch tiefer als Bereicherung. Auch
hierzu bedarf es allerdings der Übung: Eltern stehen vor der Herausforderung, dem Sprössling das kleine verlegene Wörtchen
„Danke" zu entlocken. Es scheint eine ursprüngliche kindliche
Abneigung dagegen zu geben. Unter Erwachsenen gehört danken
zum guten Ton; so verkommt das Wort meist zu einer Höflich-
keitsfloskel. „Danke" meint nicht immer wirklich „Danke". Eine
persönliche, innere Einstellung der Dankbarkeit fällt vielen Menschen ein Leben lang schwer. Es nagt offenbar am Selbstbewusstsein, auf andere „angewiesen" zu sein. Da verstecken wir uns lieber
hinter scheinbar ganz „ausgeglichenen" Beziehungsbilanzen.
Wenn ich wirklich „danke", gebe ich ein Stück dieser „Deckung"
auf. Ich gestehe ein, dass ich etwas erhalten habe, das ich mir
nicht durch irgendeine Gegenleistung verdient habe, sondern das

mir von jemandem gegeben wurde, der dadurch vielleicht sogar größer ist als ich. Dadurch, dass ich wirklich danke, demütige ich mich – mache ich mich klein. Kinder, die erst damit anfangen, Selbstbewusstsein aufzubauen, und die ja meist auch das meinen, was sie sagen, tun sich daher besonders schwer, das Wörtchen „Danke" über die Lippen zu bringen. Aber auch Erwachsene können persönlich dabei wachsen, wenn sie lernen, zu danken.

Die Einstellung, selbständig und ohne Hilfe das eigene Leben in der Hand zu haben, ist nicht nur eine Illusion, sondern stellt auch einen echten Stressfaktor für Sie dar, da sie Ihnen Leistungen abverlangt, die unmenschlich überfordernd sind: Wer wirklich gelernt hat zu danken, der tut dies mit Freude, denn er wird sich dadurch immer bewusster, dass für ihn gesorgt ist und dass er auch in Zukunft Geschenke erwarten kann, wenn er den Mut besitzt, seine Hand bittend auszustrecken. Er gewinnt so echte Gelassenheit und Selbstvertrauen, die dann nicht auf einem unrealistischen Selbstbild gründen, sondern aus einem tiefen Vertrauen erwachsen, dass die Welt und das Schicksal es eigentlich gut mit ihm meinen.

Zurück zum Thema „Natur": Da Sie nicht alles, was Sie auf dem Weg finden, auch in den Mund nehmen können, sind auch Ihre anderen Sinne eingeladen, Sie auf dem Weg zu begleiten und Ihnen dabei zu helfen, diesen voll und ganz zu ergründen. Naturreligionen und Esoteriker sprechen von Naturgeistern, die zu bestimmten Tages- oder Jahreszeiten hervorkommen, sich unsichtbar ans Werk machen und durch ihr Wirken den natürlichen Raum beseelen. In jedem natürlichen Ding lebt demnach so etwas wie ein Naturgeist, der ihm seinen spirituellen Charakter gibt. Man mag an diese Naturgeister glauben oder sie als schöne Metapher begreifen; wer der Natur wirklich begegnet, wird aber sicher bald zu der persönlichen Überzeugung kommen, dass jede Zeit, jeder Ort und jedes Ding in der Natur über eine eigene Atmosphäre, Stimmung, Aura, oder nennen wir es vielleicht sogar Seele verfügt. Das Wesen der Jahres- und Tageszeiten und aller natürlichen Dinge können Sie mit Ihren fünf Sinnen „abscannen"

und so zu ergründen versuchen. Da Ihre Sinne aber nur deren
äußere Form begreifen werden, sind Sie gut beraten, dem zu folgen, was der kleine Prinz von Saint-Exupéry sagt: „Man sieht nur
mit dem Herzen gut, das Wesentliche ist für die Augen unsichtbar." Schauen, hören, tasten und schmecken Sie sich also durch
die Welt, genießen Sie alles, was Ihnen in der Natur begegnet,
und versuchen Sie dann mit Herz und Seele das tiefere, wahre
Wesen dieser natürlichen Dinge zu erkennen.

Lassen Sie es so zum Beispiel zu, dass die Sonne Ihren Körper
sanft streichelt, und versuchen Sie auf diesem Weg dem „Geist
der Mittagsstunde" zu begegnen. Machen Sie bei Vollmond einen
Nachtspaziergang und betrachten Sie das „Gesicht" des Mondes,
der für Sie „am Himmel als Laterne aufgehängt wurde". Erlauben
Sie es der kühlen Nachtluft, die Hitze des Tages aus Ihrem Körper
und Ihrem Geist herauszuziehen, und versuchen Sie, wenn Sie
so lange wach bleiben können, einmal nachzuspüren, warum in
alten Märchen um 12 Uhr die sogenannte „Geisterstunde" beginnt. Erleben Sie einmal den Sonnenaufgang mit und beobachten
Sie dabei, wie die Pflanzen und Tiere die Sonne jede auf ihre Art
begrüßen, und tun Sie es ihnen doch, wenn Sie wollen, gleich.
Erkennen Sie, dass jede Tages- und Jahreszeit einen bestimmten
Klang, einen besonderen Geruch und sogar eine bestimmende
Grundfarbe hat. Versuchen Sie, die verborgenen Symphonien zu
verstehen, die in der Natur zu den verschiedenen Zeiten und Orten erklingen, und versuchen Sie schließlich, selber in diese Melo-
die einzutauchen und ein Teil derselben zu werden. Durchpilgern
Sie in diesem Sinne zum Beispiel die Bergzüge der Pyrenäen, die
Hügel Navarras, die Weinberge der Rioja, die Ebenen der Meseta,
die Felder des Bierzos und die grünen Mittelgebirge Galiciens.

Ähnliches wie für die verschiedenen Tages- und Jahreszeiten
gilt auch für Naturereignisse wie Regen, Wind und Schnee, welche
Sie auf dem Jakobsweg zuhauf erleben können. Begrüßen Sie gemeinsam mit der Natur den Regen, der nach langer Trockenheit
wieder das lebensbringende Wasser in den Läufen der Bäche und
den Adern der Pflanzen zirkulieren lässt, und atmen Sie dann später die Frische nach einem reinigenden Wolkenbruch. Der Prophet

Elias fand nach seiner langen Suche nach Gott diesen schließlich im sanften Säuseln des Windes (1 Kön 19,11ff.). In welchem Element ist Gott – oder das Universum – Ihnen am nächsten? In der Erde, im Wasser, in der Luft oder im Feuer? Alle Elemente haben ihren eigenen Charakter, welchen Sie auf dem Jakobsweg jeden Tag studieren können. Jede Landschaft, jede Pflanze und jedes Tier, dem Sie auf dem Weg begegnen, ist ein eigenes Meisterwerk, das Ihr Leben bereichern und verändern kann, wenn Sie dessen Wesen verstehen und an seiner Existenz wirklich Anteil nehmen wollen.

Den eigenen Körper spüren

Im Gehen liegt beim Pilgern der Schlüssel zur Dimension der Erfahrung des eigenen Körpers. Betrachten Sie sich einmal im Spiegel – sei es nun nackt oder bekleidet – und stellen Sie fest, welcher Teil des Körpers allein für diese Tätigkeit des Gehens geschaffen ist. Sie werden erkennen, dass mehr als die Hälfte der Länge Ihres Körpers, nämlich sämtliche Muskeln, Knochen und Gelenke von den Zehen bis zur Hüfte, ausschließlich hierfür bestimmt sind. Hier finden sich zugleich die größten Muskeln und Gelenke. Wahrscheinlich haben Sie diese verblüffende Tatsache noch nicht richtig bewusst wahrgenommen. Ist dies der Fall, so schlage ich Ihnen vor, dass Sie sich einmal vor oder während Ihrer Reise auf dem Jakobsweg etwas ausführlicher mit diesem Wunder der Natur, das Ihre Beine sind, beschäftigen. Der Mensch ist das einzige „Tier" der Welt, das nicht nur im Stande ist, seine Beine vielseitig und intelligent wie zum Beispiel zum Klettern und Tanzen einzusetzen: Er ist darüber hinaus auch in der Lage, auf zwei Beinen zu balancieren. Dies erlaubt ihm, die Hände zu gebrauchen und sein Haupt hoch zu tragen, um so den Horizont zu überblicken. Der Gang des Menschen ist somit selbst schon ein „transzendenter" Akt, ein Akt, der über sich selbst hinausgeht. Der Gang ist so geartet, dass er es erlaubt, den Blick zu öffnen und dadurch in die Weite zu schauen. So werden natürliche Grenzen, die dem Menschen durch seine Körperlichkeit gesetzt sind, schon ein Stück weit überwunden.

Studieren Sie also Ihre Beine genau, die Ihnen diese menschliche Körper- und auch Geisteshaltung ermöglichen. Umfassen Sie Ihre Oberschenkel und spüren Sie die Kraft, die in deren Muskeln liegt. Betasten Sie Ihr Knie, den Dreh- und Angelpunkt, der Sie nun einige Hundert Kilometer auf dem Jakobsweg über Stock und Stein tragen wird. Betrachten Sie Ihre Füße und versuchen Sie, deren Knochen und Gelenke zu zählen, die es Ihnen nun erlauben werden, sichern Tritt auf fast jedem Gelände zu finden.

Der aufrechte Gang hat es dem Menschen in seiner Entwicklung erlaubt, zu dem zu werden, was er heute ist: ein aufrechtes, intelligentes, fortschreitendes geistiges Wesen, das es versteht, seinen Blick nach vorne zu richten. Auf dem Jakobsweg bietet sich Ihnen die Möglichkeit, diese menschliche Haltung einzuüben und so nicht nur Ihre körperliche, sondern auch geistige Entwicklung weiter voranzutreiben. Obgleich der moderne Mensch heute nämlich immer noch im Besitz von Beinen ist, und auch in der Lage ist, diese „im Notfall" auch zu gebrauchen, hat er es leider gerade in den letzten hundert Jahren ziemlich verlernt, wirklich zu „gehen". Wo es möglich ist, wird heute das Statussymbol Auto oder zumindest die Straßenbahn benutzt. Wenn man dann merkt, das hierunter letztlich die Gesundheit leidet, wird bestenfalls der Versuch unternommen, dieses Defizit im Schnelldurchgang auszugleichen: Laufsport (Jogging) mag, im richtigen Maß praktiziert, durchaus eine gesundheitliche und auch spirituelle Bereicherung darstellen, ist aber erwiesenermaßen nicht die natürliche Art der Fortbewegung für den Menschen, abgesehen vielleicht von einigen afrikanischen Steppenvölkern. Die adäquate Form der dauerhaften Fortbewegung ist hingegen das zügige Gehen, wie es beim Fernwandern oder Pilgern praktiziert wird. Wer längere Zeit auf dem Jakobsweg unterwegs ist, übt so Tag für Tag die Tätigkeit des Körpers ein, für die dieser eigentlich bestimmt ist, und entdeckt so seinen Körper wieder neu. Auch wenn sich anfangs vielleicht der laufentwöhnte Pilger zunächst wieder – zum Teil auch unter Schmerzen – an die natürliche Tätigkeit des stundenlangen Gehens gewöhnen muss: Am Abend fällt er dann

mit einer glücklichen Müdigkeit in sein einfaches Nachtlager. Er
ist scheinbar leer an Kräften, aber dafür voll an Eindrücken und
findet dann meist einen ruhigen Schlaf und intensive Träume.

Das Erlebnis des ständigen Gehens vermittelt Ihnen aber darüber hinaus schließlich eine Körpererfahrung, welche nicht allein den „Gehapparat" betrifft, sondern Ihren ganzen Körper und
Geist umfassen kann. Nicht nur die Hände „gehen" mit, sondern
auch der Atem gewinnt einen neuen Rhythmus und eine neue
Tiefe. Mit den Tagen befindet sich Ihr Körper dann immer mehr
in einem Einklang. Das kontinuierliche Fortschreiten der Beine,
das Pulsieren des Herzschlags und das regelmäßige Fließen des
Atems spielen sich zu einem Rhythmus ein, in dem Sie sich als
heiler erfahren und in dem auch Ihre Gedanken einen neuen
Rhythmus und eine neue Tiefe erreichen, die Sie vorher nicht für
möglich gehalten hätten. Ein gesunder Hunger stellt sich ein, bei
dem nun fast alles schmeckt und endlich auch mit gutem Gewissen gegessen werden kann. Denn wer täglich 25 km und mehr
zu Fuß geht, der kann fast alles essen, ohne dass er dabei „sün-
digt". Der Körper kommt immer mehr in ein Gleichgewicht von
Geben und Nehmen – er atmet Leben und lebt daraus in einer
immer reicheren Art und Weise.

Da Sie auf dem Jakobsweg täglich von Ihrem Körper Gebrauch machen, können Sie jeden Tag mehr ein neues Körpergefühl entwickeln. Spätestens wenn Sie die ersten 100 km gegangen sind, dürfen Sie beginnen, Ihren Körper noch mehr als ein
Wunder zu begreifen. Schauen Sie im Geiste auf den Weg zurück
und versuchen Sie, wenn es Ihnen hilft, zu berechnen, wie viele
Schritte und dazugehörige Muskelbewegungen Sie bereits aus-
geführt haben und wie viele kleine und große Hindernisse Sie
dabei bereits überwunden haben. Gestatten Sie es sich, erneut
mit Stolz und Bewunderung Ihre Beine zu betrachten und auch
dem Geist und dem Willen, welcher diese Beine in Bewegung
gesetzt hat, seine Achtung zu zollen. Kurz: Sie dürfen schon jetzt
stolz auf sich und Ihren Körper sein.

Da Ihr Körper, wie Sie eben sicher bemerkt haben, um einiges
wunderbarer und wertvoller ist als Ihr Privatauto und im Ge-

gensatz zu diesem „Ersatzteile" für Ihren Körper nur schwer zu bekommen sind, tun Sie gut daran, Ihren Körper regelmäßig zu inspizieren und das Aufleuchten der verschiedenen Warnleuchten frühzeitig ernst zu nehmen. Die Warnleuchten des Körpers sind Hunger, Durst, Müdigkeit, Schmerz und Krankheit. Weil aber auch Ihr Körper, wie im vorangegangenen Kapitel dargestellt, nicht nur aus Materie besteht, sondern beseelte Natur ist, erscheint es klug, diesem Umstand auch bei Ihren regelmäßigen Check-ups gebührend Rechnung zu tragen. Wenn Sie Durst verspüren, dann bietet sich auf dem Jakobsweg die Gelegenheit, das richtige „spirituelle Trinken" zu erlernen: Suchen Sie sich dazu einen kühlen plätschernden Brunnen, aus dem Sie dann mit allen Ihren Sinnen trinken werden. Tun Sie dies, indem Sie zuerst einige Momente seinem erfrischenden Plätschern lauschen, dann die Kühle seines Wassers auf Ihrer Haut erspüren und zuletzt das wertvolle lebensspendende Nass dankbar in sich aufnehmen und damit auch in Ihre Seele aufsaugen, um diese davon erfrischen zu lassen.

Ähnlich können Sie dies später auch mit Ihrem Essen oder einem guten Wein tun. Versuchen Sie zuerst deren Wert für Ihren Körper zu verstehen, indem Sie diese Gaben der Natur mit allen Sinnen und auch mit Ihrem Geist zu erfassen versuchen. Nehmen Sie das Essen dann bewusst, freudig und dankbar zu sich.

Mit Müdigkeit und Schmerz signalisiert Ihnen Ihr Körper Anstrengung, Erschöpfung, Überlastung oder auch eine beginnende Krankheit. Signale, denen auf jeden Fall Beachtung geschenkt werden sollte, auch wenn sie verschiedene Ursachen haben können. Nicht in jedem Fall ist es eindeutig, ob und wie den Beschwerden sofort Abhilfe geschaffen werden sollte oder kann. Müdigkeit kann der Ausdruck von Faulheit, aber auch von Überlastung sein. Schmerz kann auf eine harmlose ungewohnte Belastung hinweisen, aber auch das Anzeichen einer beginnenden ernsten Krankheit sein. Lernen Sie also auf dem Jakobsweg, genau auf die Signale Ihres Körpers zu achten und diese richtig einzuschätzen. Finden Sie die goldene Mitte zwischen hypochondrischer selbstbemitleidender Überempfindlichkeit und rücksichtsloser Selbstausbeutung.

Sie können den Jakobsweg aber auch für körperliche Grenz-erfahrungen nutzen: Für manche Pilger bietet so zum Beispiel gerade die „sportliche Seite" des Jakobsweges einen besonderen spirituellen Kick. Erwiesenermaßen stimuliert eine intensive sportliche Betätigung den Ausstoß bestimmter körpereigener Opioide, der sogenannten Endorphine. Diese Hormone sind in der Lage, bei Sportlern Glückszustände hervorzurufen, die einem intensiven spirituellen Erlebnis sehr ähnlich sind. Man kann aber auch genauso gut behaupten, dass intensive sportliche Erlebnisse wirkliche spirituelle Erfahrungen, echte Erfahrungen von echter Transzendenz sind. Es werden hier nämlich oft per-sönliche menschliche Grenzen überschritten und so ungeahnte Dimensionen von Körper und Geist entdeckt, die dann von dem erstaunten Sportler auf das Wirken einer höheren übermensch-lichen Kraft zurückgeführt werden. Kurz: Es passiert nicht sel-ten, dass gerade Pilger auf dem Jakobsweg in körperlicher Weise über sich hinauswachsen und dann gerade darin die Gegenwart „Gottes" erkennen. Auch die Olympischen Spiele haben ihre Wurzeln so ursprünglich in der Absicht, dass durch sportliche Höchstleistungen den Göttern Verehrung zuteil wurde.

Ein weiteres Grenzerlebnis, das Sie auf dem Jakobsweg an-streben können, ist das des Fastens. Hier können Sie durch den Verzicht auf Nahrung das Ziel verfolgen, sich innerlich und äu-ßerlich zu reinigen und so die sinnliche und spirituelle Wahrneh-mung zu fördern. Da es sich hier um ein Vorhaben handelt, das eigentlich nur unter ärztlicher Begleitung stattfinden sollte, und in Anbetracht des guten Essens im Gastland wohl nur für wenige Pilger in Frage kommt, verweise ich hier auf die weiterführende Literatur im Anhang.

Schlussendlich können Sie auf dem Jakobsweg auch absolu-tes Schweigen praktizieren. Manche Pilger verzichten aus die-ser Absicht heraus auch auf jegliches Gespräch und auch jeden menschlichen Umgang wie Augenkontakt oder Berührung. Sie erhoffen sich daraus, ihre eigene innere Stimme besser wahrzu-nehmen. Auch dies ist aber eine Sonderform der Meditation, die sicher nur für einen geringen Teil der Pilger geeignet erscheint und ebenfalls einer intensiven Vorbereitung bedarf. Spirituelle Begleiter und weiterführende Literatur können hier wichtige Anregungen bieten.

Wie Sie sehen, sind Ihrer Phantasie keine Grenzen gesetzt, wenn es darum geht, Wege zu finden, auf dem Jakobsweg Ihren eigenen Körper bewusster wahrzunehmen. Umso mehr Sie dies tun, umso wohler werden Sie sich Tag für Tag in Ihrer Haut fühlen und umso glücklicher werden dann auch Ihre Begegnungen mit der Natur oder mit anderen Menschen werden. Sie dürfen dann Ihrem neuen Körpergefühl (am angemessenen Ort und zur angemessenen Zeit) hemmungslosen Ausdruck verleihen: Singen Sie laut oder lassen Sie einfach nur einen wilden Freudenschrei los. Legen Sie sich, wenn es Ihnen nicht zu verrückt erscheint, auf die Erde, um diese zu umarmen. Umarmen Sie wahlweise einen Baum oder gehen bzw. rennen Sie mit ausgestreckten Armen über den Weg, um so für sich spürbarer zu machen, dass Sie nun freudig und mit offenem Herzen diese schöne Welt erstürmen wollen, die nun jeden Tag vor Ihnen liegt.

Nicht alle Pilger neigen zu Freudenexzessen, wie sie oben beschrieben sind. Viele, um nicht zu sagen die meisten, berichten aber mindestens darüber, dass sie der Rhythmus der eigenen Beine jeden Tag mehr in eine Art Trance versetzt, die nach einigen Wochen ein unglaubliches, fast süchtig machendes Glücksgefühl hervorruft. Wie unter dem Kapitel „Zeit und Raum" beschrieben wurde, gehört Rhythmus zu den Urerfahrungen des menschlichen Lebens. Der Rhythmus des Herzens der Mutter steht so schon vom ersten Moment des Lebens für eine lebensbringende Ordnung. Der Alltag des modernen Menschen ist oftmals heillos aus dem Rhythmus gekommen, der gibt ihm einen Rhythmus vor, der nicht seiner Natur entspricht. Auf dem Jakobsweg können Sie lernen, den Rhythmus zu entdecken, der Ihrem Körper und Ihrem Geist guttut. Der Schlüssel hierzu ist, wie ich zu Anfang dieses Kapitels einleitete, das Gehen. Nutzen Sie diesen Schlüssel zu einem neuen Lebensglück mit viel Ausdauer und Freude.

Geschichte erleben – Zukunft gestalten

Wenn Sie über das alte eingewachsene Pflaster gehen, das an einigen Stellen der verschiedenen Jakobswege noch sichtbar ist, werden Sie Fahrrinnen und abgetretene Stufen erkennen. In der Kathedrale von Santiago angekommen, können Sie dann Ihre Hand in den Stammbaum Jesu legen. Es handelt sich hier um eine kunstvoll gestaltete Säule, in der sich der Handabdruck der ankommenden Pilger über die Jahrhunderte tief in den Stein eingegraben hat.

Eine Pilgerreise auf dem Jakobsweg ist wie geschaffen für ein ausgiebiges Geschichtsstudium über die aufeinanderfolgenden Kunstepochen und deren genaue Ausformung in den verschiedenen europäischen Ländern. Auch können Sie auf dem Weg ein gutes Stück europäische Kirchen- und Politikgeschichte studieren.

All dies sind bereichernde Erfahrungen, die ihren berechtigten Platz auf dem Weg haben. Sie sind aber (noch) nicht ganz das, was dieses Buch Ihnen nahebringen will. Gehen Sie in Ihrer Erfahrung des Jakobsweges über ein normales Geschichtsstudium vor Ort hinaus und „er-leben" Sie hier Geschichte! Was heißt das? Ich rufe Ihnen die zu Anfang aufgestellte Behauptung ins Gedächtnis, wonach wir erst dann etwas wirklich „er-leben", wenn durch eine Begegnung eine Person, ein Ding oder ein Vorgang eine echte persönliche Bedeutung für unser Leben gewinnt. Die bloßen Kenntnisse von Daten, Namen und Fakten über die Vergangenheit machten so noch kein Erleben der Geschichte aus – hierzu bedarf es einer tieferen menschlichen Begegnung mit der Vergangenheit.

Wenn Sie auf dem Jakobsweg unterwegs sind, treffen Sie förmlich „auf Schritt und Tritt" auf Geschichte. Sie brauchen diese nun nur noch bewusst wahrzunehmen, um sie zu einer echten Erfahrung für sich werden zu lassen. Richten Sie den Blick auf den Boden, und Sie erkennen in den oben beschriebenen Fahrrinnen und abgetretenen Stufen den Fußabdruck der Pilger früherer Zeiten. Wenn Sie nun selbst auf dem Weg unterwegs sind und so in gewisser Weise zu Weggefährten der Pilger vergangener Zeiten werden, können Sie dabei nicht nur deren Spuren sehen, sondern auch versuchen, deren Schicksal vor Ihrem geistigen Auge zu betrachten und mit einem Gefühl der Anteilnahme nachzuvollziehen. Sie treten in die Fußstapfen Ihrer Pilgerahnen und werden so vielleicht – in einer gewissen, mystischen Weise – eins mit ihnen. Einige Jakobspilger berichten von solchen Erlebnissen tiefer, die Zeit überwindender Erfahrungen der Einheit.

Legen Sie zum Beispiel Ihre Hand auf historische Gegenstände oder Steine und versuchen Sie so die Gegenwart der früheren Pilger zu erspüren. Oder stellen Sie sich an den Wegrand oder an einen Platz Ihrer Wahl und lassen Sie in Gedanken die Pilger der vergangenen Jahrhunderte bis zur Gegenwart an sich vorbeiziehen. Brechen Sie danach wieder auf und folgen Sie ihnen nach.

Dachten Sie schon einmal an einen Menschen, der Sie dann just ein paar Augenblicke später anrief oder auf der Straße um die Ecke bog? Haben Sie schon einmal erlebt, dass Sie in einer Kirche, in der viele Menschen beten, auch selber besser beten können? Hatten Sie einmal den Eindruck, dass da, wo viele Menschen feiern, auch Sie besser feiern können? Der Mensch scheint mehr zu sein als seine direkt wahrnehmbare, zeitlich begrenzte körperliche Präsenz. Viele Pilger berichten ganz in diesem Sinne, dass sie, wenn sie über die alten Pflaster des Jakobsweges gehen, fast schon die Schritte der früheren Pilger zu hören glauben. Sie fühlen sich dann durch einen eigenartigen Sog, welcher sich durch die Millionen Pilger, die diesen Weg schon gegangen sind, aufgebaut zu haben scheint, auch selber auf wunderbare Weise auf dem Weg „mitgerissen".

Die Geschichte des Jakobsweges ist letztlich die Geschichte von seinen Menschen. Sie haben ihre Spuren in Bauwerken und Schriftstücken hinterlassen. Diese Spuren zu studieren, kann Ihnen helfen, auch die Menschen dahinter besser zu verstehen und ihnen so vielleicht intensiver zu begegnen. Bedenken Sie aber, dass die „offizielle", in Dokumenten überlieferte Geschichte nur einen sehr kleinen Ausschnitt des tatsächlichen damaligen Lebens darstellt. Auch was die Geschichte des Jakobswegs angeht, scheint zu gelten: „Man sieht nur mit dem Herzen gut, das Wesentliche ist für die Augen unsichtbar." Zum Teil waren die religiösen und politischen Gründe, aus denen heraus der Jakobsweg in der Vergangenheit erschlossen und begangen wurde, gewiss moralisch sehr zweifelhaft. Aber sie alleine sind nicht „die" Wahrheit über den Weg, sondern nur ein Teil davon. Versuchen Sie, das Leben der alten Pilger aus Ihrer eigenen Erfahrung als Pilger heraus zu ergründen, und Sie sind auf dem besten Weg zu einer echten menschlichen Begegnung mit ihnen. Versuchen Sie, auf dem Hintergrund Ihrer eigenen Erfahrung zu verstehen, wie Ihre „Pilgerahnen" gedacht und gefühlt haben könnten, als sie taten, wovon wir heute in den Geschichtsbüchern lesen. Wenngleich ihre Zeit eine andere war, so waren die Träume und Ängste dieser Pilgerbrüder von damals im Kern wohl ein Stück weit verwandt mit Ihren eigenen.

Was Sie aus solchem „Erleben" der Geschichte lernen können: Jede Zeit hat Alltagsprobleme, Chancen, Grenzen, Wahrheiten und Lügen. Für frühere Epochen gilt dies ebenso wie für die heutige Zeit. Als Pilger können Sie daraus nicht wenig lernen: Gestalten Sie die Gegenwart bewusster mit, und seien Sie kritisch, versöhnlich und zugleich konstruktiv, wenn es darum geht, aktuelle Probleme aufzudecken und diesen Abhilfe zu verschaffen.

Wer jedoch im Gegenteil der Absicht folgt, die Begegnung mit der Geschichte des Weges so zu betreiben, dass er versucht, die Vergangenheit des Weges zu verherrlichen und zu imitieren, befindet sich m. E. auf einem Irrweg. Wandel ist, wie schon anfangs bemerkt, eine lebensnotwendige Eigenschaft jeden natürlichen und geistigen Lebens. Der Versuch, sich einer rückwärtsgerichteten Jakobswegnostalgie hinzugeben, die es so vermeiden will, sich dem aktuellen Leben auf dem Jakobsweg zu stellen, entspringt wohl eher dem Wunsch, Probleme der Zeit „aus dem Weg zu gehen", und entspricht deshalb nicht dem eigentlichen Geist des Jakobsweges.

Wenn Sie in einigen Tagen wieder zu Hause sind, sind Sie selbst zu einem kleinen, aber unverwechselbar wichtigen Teil der Geschichte des Jakobsweges geworden und der Jakobsweg ein Teil Ihrer eigenen Lebensgeschichte. Nutzen Sie also jeden Tag auf dem Jakobsweg, die Geschichte des Jakobsweges für sich und andere zu gestalten. Überprüfen Sie alte Gewohnheiten und Traditionen. Übernehmen Sie, was Ihnen wertvoll erscheint. Probieren Sie Neues, wo das Überlieferte keine ausreichenden Antworten mehr geben kann. Hinterlassen Sie so selbst Spuren auf Ihrem Jakobus- und auch Lebensweg. Die Begegnung mit der Geschichte des Weges wird dann in Ihnen wirklich lebendig. Und kann als lebendige von nachfolgenden Pilgern übernommen, erneuert und fortgeführt werden.

Lebenskulturen entdecken

„Kultur entspringt der Sehnsucht des Menschen, das Geheimnis des Lebens zu begreifen, zu deuten und lebbar zu machen" (Franz Geitner).

Weniges ist wohl so schwer zu fassen wie das, was man im Allgemeinen so lapidar mit dem Wort „Kultur" bezeichnet. Wissenschaftlich lässt sich der Begriff nur schwer definieren, was jedoch nicht das Problem eines Jakobspilgers sein muss. In diesem Kapitel gehen wir einmal „einfachheitshalber" davon aus, dass Kultur das Geflecht von Regeln, Gewohnheiten, Dingen, Schrift, Gesetzen, Traditionen, Medien, Religion, Architektur, Werten, Tabus, Kunst, Sprache und vielem mehr ist, das der Mensch sich aufgebaut hat, um zu (über-)leben und die Beziehungen zwischen sich, anderen Menschen und der Natur zu verstehen und zu regeln. Sicher fühlen Sie sich nach meiner Definition im Grunde nicht sehr viel schlauer als vorher. Helfen Sie mir bitte weiter, wenn Sie können, und finden Sie eine einfachere Definition. Ich werde diese dann im Internet und eventuell auch in der kommenden Auflage des Buches gerne veröffentlichen und Sie dankend im Vorwort erwähnen.

Der Kern unseres Problems liegt wohl darin, dass Kultur heute kaum noch „in Reinkultur" vorkommt, also als sicheres System unveränderbarer Regeln und Bräuche erlebt werden kann. Wie Menschen heute leben, wird von den verschiedensten Einflüssen bestimmt, und so gesehen ist die moderne „Alltagskultur" ungeheuer kompliziert und zugleich undurchsichtig. Die Gewohnheiten der Menschen, ihre Beziehung untereinander und die Zwänge und Verlockungen des täglichen Lebens scheinen jeweils ganz verschiedenen Regeln zu folgen. So kommt es, dass der heutige Mensch zwar weiß, dass er in einer bestimmten Kultur lebt, aber nicht mehr imstande ist, diese Kultur noch zu durchblicken. Wer persönlich stark genug ist, legt sich sein eigenes Wertesystem zurecht und hält sich so in der unüberschaubaren Vielfalt von Werten, Medien, und Moden irgendwie über Wasser, ohne ganz die Orientierung zu verlieren. Das Gefühl, seine Welt aber wirklich zu verstehen und seinen eigenen Platz darin zu begreifen und auch einnehmen zu können, schwindet aber immer mehr.

Kritiker behaupten, moderne Nationen, wie zum Beispiel die USA, besäßen im Grunde keine Kultur mehr, da es innerhalb einer sich ständig wandelnden pluralen Vielfalt, abgesehen von Gesetzen, keine wirklich gültigen Werte mehr gibt, an denen man sich persönlich orientieren könnte. Ob diese These nun stimmt oder nicht, sei den Soziologen überlassen, sie deutet aber auf eine Frage der modernen Gesellschaften und damit auch jedes Einzelnen hin, auf die im Pilgerleben, so meine ich, eine sehr gute Antwort gefunden werden kann.

Wenn Sie die spanische, französische, portugiesische oder deutsche Alltagskultur wirklich authentisch kennen lernen wollen, ist hier der Jakobsweg nicht unbedingt der richtige Ort dazu. Wenn Sie dies wollen, sollten Sie in dem betreffenden Land die entsprechende Landeskunde studieren oder – noch besser – einige Jahre dort leben. Idealerweise schlüpfen Sie, wie Günter Wallraff dies bei seinen ungewöhnlichen Recherchen tat, für diese Zeit buchstäblich in eine neue Haut, um die fremde Kultur als Landsmann unter Landsleuten zu erleben ...

Als Pilger geht es für Sie aber um etwas anderes: Sie sind nämlich dazu eingeladen, so etwas wie eine Kultur des Pilgerns für sich zu entdecken und sich darin einzuüben. Sie erleben auf dem Jakobsweg nämlich eine ganz eigene „Kultur", ein besonderes „Le-

bensgefühl" mit seinen „pilgertypischen" Gepflogenheiten und
ungeschriebenen Gesetzen. Der Umstand, dass Sie sich dazu zum
Beispiel in Spanien befinden, ist eher zufällig, aber dennoch keinesfalls unbedeutend, wie ich später noch darstellen werde.

Eingangs war davon die Rede, dass Einfachheit des täglichen
Lebens ein wesentliches Merkmal des Pilgerns ist. Der Pilger lebt
also in einer Kultur der Einfachheit, die durch Pilgerherbergen,
gelbe Pfeile, leichte Rucksäcke usw. geprägt ist. Oder anders ausgedrückt: Wenn Sie wirklich das Pilgerleben erleben wollen, dann
lernen Sie, einfach zu leben! Vereinfachen Sie Ihren Alltag, indem
Sie sich, wie noch später näher beschrieben wird, von möglichst
vielen Dingen trennen, die Ihnen Ihr Leben schwer machen. Vereinfachen Sie dabei auch Ihren Tagesablauf, so gut es geht. Leben
Sie eine Kultur des „weniger ist mehr". Sie werden dann, wenn
Sie sich mit weniger Dingen und Tätigkeiten beschäftigen, bald
besser erkennen, welchen Wert diese wenigen Dinge und Tätigkeiten für Ihr Leben wirklich haben. Kurz: Sie sind in der Lage,
diese wenigen Dinge und Tätigkeiten wirklich zu „er-leben". Sie
werden dann vielleicht bald feststellen, dass Sie glücklicher und
zufriedener werden, da Sie nun immer mehr zu wissen glauben,
„wo es im Leben langgeht", „wo der Hase läuft" und was in der
Welt „wirklich ab-geht". Sie verlieren das Gefühl, orientierungs-
los zwischen nirgendwo und überall, zwischen gestern und heute
hin und her zu irren, ohne zu wissen, wo Ihnen der Kopf steht,
und bekommen schließlich den seltsamen Eindruck, sich auf
dem Weg im tiefsten Sinne zu Hause zu fühlen.

Eben hatte ich davon gesprochen, dass es, wenngleich Sie
sich als Pilger in einer eigenen Kultur, also in der Kultur des
Pilgerns bewegen, nicht gleichgültig ist, in welchem Land Sie
sich dabei befinden. Wenn es stimmt, dass es ein hohes Ziel des
Pilgerlebens ist, etwas zu „er-leben", also Menschen und Dingen so zu begegnen, dass diese eine Bedeutung für unser Leben
bekommen, dann dürfen wir uns selbst und unsere „Kultur des
Pilgerns" nicht als etwas von der Außenwelt Isoliertes verstehen.
Es ist also keinesfalls das Ziel der Pilgerkultur, sich selbstgefäl-
lig in einem perfekt geglaubten Eremitenleben zu suhlen und

mit arrogant entrückter Miene durch die Welt zu ziehen. Jeder Pilger hat seine eigene kulturelle Herkunft und seine damit verbundenen Ansichten und Gewohnheiten, die er im gemeinsamen Pilgeralltag, also der Pilgerkultur lebt und mit der er diesen bereichert. In seinem Pilgeralltag begegnet er so auch der Kultur des Landes, durch das er gerade geht. Da er ein einfaches Leben führt, ist er umso offener für Neues, das ihm im „fremden" Land begegnet. Wenn Sie sich also so durch eine fremde Kultur bewegen, können Sie vielleicht aus dem sichern Abstand, den Ihnen die Einfachheit Ihrer Pilgerkultur schenkt, immer mehr lernen, aus der Vielfalt, aber auch aus dem Wirrwarr einer modernen Kultur das zu erkennen, was ihren Kern und ihren inneren Wert ausmacht. Inmitten der kulturellen Vielfalt, die Ihnen auf dem Weg begegnet, können Sie so lernen zu unterscheiden, welche Inhalte einer Kultur für Sie persönlich wesentlich und wertvoll sein können. Nehmen Sie diese dann, wenn Sie wollen, wie ein „Souvenir" aus dem Gastland mit nach Hause und machen Sie sie in Ihrem Alltag zu einem Teil Ihrer eigenen Lebenskultur.

Wenn Sie Ihre Pilgerreise aber wirklich im Sinne von Wandel und Begegnung verstehen, können Sie auch selber ein Gewinn für die Kultur des Gastlandes sein, durch das Sie täglich gehen oder besser gesagt „wandeln". Lassen Sie sich so nicht nur von der fremden Kultur als Gast beschenken, sondern beschenken Sie auch diese, indem Sie ihr und ihren Menschen offen begegnen. Schritt für Schritt und nicht im Alleingang nur einer Kultur entsteht dann eine Kultur des Pilgerns, die so auch wieder Teil der Kultur des Gastlandes werden kann.

Anders als ein pauschalreisender Spanientourist gehen Sie als Pilger auch durch Orte des ganz normalen täglichen Lebens. Folgen Sie also nicht dem Vorschlag ahnungsloser Pilgerführer, die Ihnen raten, sich den Weg durch angeblich touristisch wenig attraktive Regionen wie zum Beispiel die Meseta (siehe Foto auf dem Cover) oder die Vorstädte der Städte Burgos oder León zu ersparen und hier den Bus zu nehmen. Diese Strecken gehören auch zum Weg durch Spanien und somit auch zu Ihrer Erfahrung als Pilger.

Wenn Sie durch ein historisch, politisch und kulturell scheinbar unbedeutendes Dorf auf dem Jakobsweg gehen, so versuchen Sie, die Kultur genau dieses Dorfes zu er-leben. Sie haben dann wohl mehr von Spanien verstanden als ein Badegast, der schon das zehnte Jahr in Folge seinen Urlaub auf dem Ballermann in Mallorca verbringt. Betrachten Sie die kleine, vielleicht geschlossene oder auf den ersten Blick hoffnungslos verkitschte Kirche. Gehen Sie in das einzige kleine Geschäft am Ort und versuchen Sie, sich ein bisschen mit der Verkäuferin zu verständigen. Fragen Sie sie nach einer heimischen Spezialität oder nach Obst, das hier gewachsen ist, oder nach Brot, das hier gebacken wurde. Lauschen Sie dem Ton des Radios oder des Fernsehers, der vom geöffneten Fenster in der Seitengasse her an Ihr Ohr dringt. Versuchen Sie, am Geruch zu erraten, was gerade zu Mittag gekocht wird, und versuchen Sie, sich vorzustellen, wie es später am Mittagstisch der Familie zugeht. Betrachten Sie die Bauweise der Häuser dieses Dorfes und halten Sie Ausschau nach einem Kunstwerk, einem Denkmal oder etwas Ähnlichem. Nehmen Sie die alten Frauen, die vor ihren Häusern sitzen, wahr und lassen Sie das Kindergeschrei auf den Straßen auf sich wirken. Versuchen Sie, dies alles als ein einzigartiges Gewebe, eine Kultur, zu verstehen. Verweilen Sie eine Zeit in diesem Dorf und machen Sie während dieser Zeit das Experiment, sich in die Menschen dieses Dorfes hineinzuversetzen. Bemühen Sie sich, im Geiste zu erleben, wie ein Mensch denkt und empfindet, der in diesem Dorf geboren wurde und hier wohnt. Gehen Sie dann weiter. Wiederholen Sie diese „Übung" zum Beispiel in der Nähe eines Einsiedlerhofes oder an einem anderen Platz, der Sie intuitiv anspricht, weil er Ihnen vielleicht etwas Wichtiges mitteilen möchte.

Wenn Sie nach tagelangem Marsch durch überwältigende Naturlandschaften und reizvolle kleine Dörfer schließlich die Vorstädte einer großen spanischen Metropole erreichen, dann halten Sie genau hier erneut inne und beginnen Sie wieder mit derselben Übung. Vergleichen Sie diese Erfahrung mit Ihrer Erfahrung an anderen vorhergegangenen Orten und auch mit der Erinnerung an Ihr eigenes Leben im Alltag zu Hause. Wägen Sie ab und versuchen Sie zu beurteilen, welche Kultur Ihnen persönlich auf lange Sicht wohl am ehesten entspricht. Fragen Sie sich, ob Sie im Alltag wirklich in der „Umgebung" leben, die Ihrem Lebensgefühl und dem, was Sie werden wollen, entgegenkommt. Könnten Sie die Kultur Ihres Alltags, also Ihre alltägliche Umgebung zu Hause, vielleicht noch so gestalten, dass Sie sich dort wohler fühlten?

Als ich einmal mit zwei jungen Frauen aus London auf dem Camino Frances unterwegs war und wir nach dem Weg durch die herrliche Natur Navarras schließlich die Vorstädte von Pamplona erreichten, verlangsamte eine meiner Begleiterinnen ihren Schritt und schaute sich fassungslos um. Auf meine Nachfrage, was denn los sei, bemerkte sie, dass sie, obwohl sie praktisch ihr ganzes Leben in der Großstadt verbracht hatte, diese Stadt nun plötzlich als ein Monster wahrnehme und sich hier in ihrem Pilgergewand wie ein Wesen aus einer anderen Welt vorkomme. Der Lärm der Großstadt und das Gerenne der Menschen befremdeten sie plötzlich so sehr, dass sie sich mit dem Gedanken befasste, ob sie daheim nicht in die benachbarte Kleinstadt übersiedeln sollte.

Mit dieser Geschichte soll nicht die Botschaft vermittelt werden, dass jeder, der den Jakobsweg wirklich er-lebt hat, später eine „Aussteigerkarriere" startet. Die meisten Pilger kehren ja nach einigen Wochen des Pilgerlebens verändert, aber doch gerne in ihren alten vertrauten Alltag zurück. Die Möglichkeit, die Kultur des Pilgerlebens kennen zu lernen und aus dieser Sicht einen Blick in den Alltag anderer Kulturen zu werfen, kann es Ihnen aber ermöglichen, Ihre eigene bisherige Lebensweise, d. h. Ihre persönliche Lebenskultur, Ihren Alltag, später bewusster wahrzunehmen, zu hinterfragen und eventuell auch Schritt für Schritt zu verändern.

Den Weg auf sein Ziel ausrichten?!

Wer sich im Mittelalter zu Fuß auf den Weg nach Santiago de Compostela begab, tat dies wohl auch oft deshalb, weil der Weg dorthin aus finanziellen oder technischen Gründen nicht anders möglich war. Natürlich gab es schon immer Kutschen und Schiffe, die Personen mit dem passenden Kleingeld eine günstigere Reise ermöglichten, die Fußpilgerreise galt aber damals eher als die Reisemethode des einfachen Mannes und wurde daher nicht unbedingt immer freiwillig gewählt. Wer sich heute zu Fuß auf den Jakobsweg begibt, tut dies zweifelsohne nicht, weil es sich hier um die billigste Methode handelt, nach Santiago zu kommen, sondern weil er dabei daneben eigentlich auch noch ein anderes Ziel verfolgt. „Der Weg ist das Ziel", ein Zitat, das angeblich ursprünglich von dem alten chinesischen Philosophen Konfuzius stammt, gilt fast schon als der Slogan der Pilgerbewegung auf dem Jakobsweg überhaupt. Lassen Sie uns diesem interessanten Satz etwas nachsinnen, um vielleicht besser zu verstehen, was die Dimension des Weges und damit auch des Ziels in der Erfahrung der Pilgerreise bedeuten können:

Wer sich heute auf den Weg macht, der tut dies bewusst. Er will erfahren, was es heißt, zu gehen, Natur, Kultur, Zeit und Raum und auch seinen eigenen Körper zu erleben. Die blinde Zielstrebigkeit der westlichen Gesellschaft, die nur in der Lage ist, das Produkt eines Prozesses zu bewerten, wird von ihm als zu kurzsichtig entlarvt. Sie wird nicht den inneren Werten der Menschen und der Dinge gerecht, sondern bewertet nur deren Nutzen für ein einziges Kriterium, das als „das Ziel" propagiert wird. Dieses engstirnige ökonomische Denken der westlichen Kultur, das sich in allen Bereichen des Lebens einschleicht, führt dazu, dass alles, was nicht „zielführend" oder „zieldienlich" ist, gleich als Spielerei oder Liebhaberei abgewertet wird. Über das, was das Ziel ist, darüber scheint man sich, wie man meint, im Klaren zu sein. Kurz: Das Ziel ist alles, der Weg ist unwichtig. Allein das Ziel erscheint als wertvoll, der Weg wird zum reinen Mittel zum Zweck.

Nun, wie steht es jetzt aber ganz im Gegenteil mit der Behauptung „Der Weg ist das Ziel", dieser Kurzformel, die so vielen Jakobspilgern auf der Zunge liegt? Ist der Slogan schon deshalb richtig, weil alle ihn kennen und jeder meint, er habe wirklich verstanden, welche Wahrheit sich dahinter verbirgt? O. k.! Nehmen wir einmal an, Sie vertreten die Meinung, dieser Spruch sei richtig, und ich übernehme hier einmal die Rolle, Ihre Meinung kritisch zu hinterfragen. Lassen Sie uns also die Sache anhand eines kleinen fiktiven Dialoges auf dem Weg ausdiskutieren:

Sie behaupten: „Der Weg ist das Ziel."

Ich frage Sie darauf: „Warum gehen Sie dann überhaupt noch, wenn Sie doch schon auf dem Weg und somit am Ziel angekommen sind?"

Sie entgegnen folgerichtig: „Es ist eben nicht das Ziel, auf dem Weg anzukommen, sondern auf diesem Weg unterwegs zu sein."

Ich frage Sie nun schlicht: „Warum?" und bekomme sogleich die Antwort: „Weil man hier viel Schönes, Lehrreiches und Wertvolles erfahren kann."

Ich frage nochmals nach: „Dann ist es also weder Ihr Ziel, in Santiago anzukommen, noch einfach nur auf dem Weg zu sein, sondern es ist Ihr Ziel, auf dem Weg, wie Sie eben sagten, Erlebnisse zu haben und Erfahrungen zu sammeln?" Sie antworten mit: „Ja"

Nun behaupte ich: „Dann ist also eigentlich doch nicht der Weg Ihr Ziel, sondern die eben genannten Erlebnisse und Erfahrungen, die Sie auf dem Weg machen. Der Weg ist bei Ihrem Vorhaben also ‚nur' der Ort bzw. das Mittel, mit dem Sie dieses Ziel erreichen wollen."

Meine letzte Behauptung wertet den Weg aber keineswegs im Vergleich zum Ziel ab. Deshalb habe ich „nur" in Anführungszeichen geschrieben. Ihr Erlebens-Ziel ist vielmehr so eng mit dem Weg verbunden, dass es, obwohl er nicht mit diesem identisch ist, eigentlich auch nicht von diesem trennbar ist.

Der Satz „Der Weg ist das Ziel" ist somit nicht falsch. Ganz abgesehen davon, dass zum Beispiel bei der Anreise tatsächlich der „Weg" als geografischer Ort das „Ziel" dieser Anreise ist, oder wenn Sie sich verlaufen haben und sich nun mit Karte und Führer bemühen, wieder auf den „Weg" zu kommen. Der Weg trägt für Sie sein Ziel immer in sich. Der Weg ist nur Weg auf ein Ziel hin, ohne das Ziel ist er nichts als eine Ansammlung von Steinen oder eine Serie von schlammigen Regenpfützen. Was das Ziel eines Weges darstellt, ist dabei aber nicht immer eindeutig und auf den ersten Blick erkennbar. Auch muss das Ziel dabei nicht immer ein bestimmter geografischer Ort sein. Denken Sie z. B. an den Rundweg eines Naturparks, der das Ziel verfolgt, den Besucher naturschonend und zugleich ungefährlich durch die schönsten Ecken des Parks zu führen. Für viele Pilger ist in diesem Sinne vordergründig betrachtet nicht Santiago, sondern die Wegerfahrung des Jakobsweges das Ziel der Pilgerreise. „Der Weg ist das Ziel." Auch wer in diesem Zusammenhang „Wegerfahrung" meint, wenn er „Weg" sagt, hat hier also nichts Falsches gesagt. Die Alltagssprache ist plakativ. Sie fügt und nennt Dinge zusammen, die auch tatsächlich eng miteinander verbunden sind. Weder die Sprache noch die damit ausgedrückte Realität erlauben es uns, „Weg" und „Ziel" gegeneinander auszuspielen. Genau dies ist aber auch der Grund dafür, warum der Jakobsweg, auch dann, wenn er für sich schon einen Wert bedeutet, nie isoliert von Santiago – seinem Ziel – gesehen und erlebt werden kann.

Aber drehen wir den Satz einmal um: „Das Ziel ist der Weg." Da wird nun ganz klar, dass ja das Ziel immer erst den Weg bestimmt, ihn zu dem macht, was er als Weg ist. Das Ziel gibt vor, auf welchen Wegen es erreicht werden kann, welche Methoden „zielführend" sind. „Met-hodos" meint auf Griechisch den „Weg" (hodos), den man „entlang" (meta) gehen muss, um ein Ziel zu erreichen.

„Geerdet" in der Erfahrung des Jakobswegs, bedeutet der obere Gedanke: Egal, wo Sie den Jakobsweg beginnen, Sie können die eine oder andere Route wählen, die geografische Lage der Stadt Santiago wird Ihnen aber immer ein Stück weit die Richtung und die Dauer vorgeben, die Sie nun gehen werden. Und die tiefere Bedeutung der Stadt Santiago wird die Bedeutung des Jakobswegs immer mitbestimmen. Was Sie am Jakobsweg erleben, erleben Sie immer auch auf Santiago hin. Der Weg, das ganze Umland, seine Pilger und Bewohner sind in der einen oder anderen Weise auch auf Santiago ausgerichtet. Sie reihen sich auf Ihre ganz persönliche Weise in diese Ausrichtung ein. Und genau diese gemeinsame Ausrichtung auf ein gemeinsames Ziel prägt meiner Erfahrung nach auch wiederum ein großes Stück weit die gemeinsame Faszination der Pilger für den Weg. Und letztlich weist ja auch Santiago seinerseits noch einmal über sich hinaus auf ein weiteres Ziel; ist selbst noch „vor-läufig", selbst noch Weg, der etwas von seinem höheren Ziel in sich trägt, ohne schon das letzte Ziel selbst zu sein.

Vielleicht wollte Konfuzius mit seinem Ausspruch eben gerade darauf hinweisen. In seiner vollen Länge lautet sein Satz nämlich wie folgt: „Der Weg ist das Ziel. Wenn das Ziel fern ist, ist der Weg lang." Der Weg ist lang, weil das Ziel noch fern ist. Auch auf diese Weise bestimmt also das Ziel den Weg. Es macht ihn durch seine Ferne lang. Und noch der Entschluss, sich überhaupt auf diesen langen Weg zu machen, ist für den Pilger schon ein erstes kleines – nein, ein großes – Ziel.

Genug der philosophischen Überlegungen. Halten wir nur fest: Ziel und Weg haben immer etwas miteinander zu tun. Machen Sie sich deshalb Ihre persönlichen spirituellen Ziele bewusst, die Sie auf dem Jakobsweg verfolgen wollen. Halten Sie Ausschau nach dem entsprechenden Weg. Gehen Sie den Jakobsweg so, dass er Sie diesen Zielen näher bringt, seien Sie aber auch empfänglich für neue Ziele, denen Sie unterwegs vielleicht auf die Spur kommen. Ich halte mich in diesem Buch sehr damit zurück, Ihnen Ratschläge zu geben, welche Übungen Sie auf dem Jakobsweg machen sollen, um diesen „richtig" zu erleben. Sicher werden Sie nun verstehen, warum: Jeder hat seine persönlichen Ziele, die ihn auf den Weg geführt haben und ihn dort auch weiterführen. Er soll deshalb auch seine eigenen Wege (Methoden) finden, um diese seine persönlichen Ziele auf dem Weg zu erreichen. Ich will Ihnen hier lediglich die Augen für sich und den Weg öffnen und bin überzeugt davon, dass Sie den Rest selber erledigen können. Meine wenigen Beispiele sollen Ihnen dabei einfach etwas mehr Mut machen, den Weg für sich zu entdecken.

Das oben Gesagte kann aber nicht bedeuten, dass Sie wieder die Methode, d. h. den Weg, zum Sklaven des Ziels machen sollen und sich aus lauter Zielstrebigkeit allem verschließen, was dem einmal gesetzten Ziel widerspricht. Offenheit ist ja selbst ein (von mir vorgeschlagenes) Ziel des Pilgerns, und wenn Sie sich zum Beispiel das Ziel gesetzt haben, Spontaneität einzuüben, dann sollten Sie dies vielleicht konsequent mit der Methode „durchziehen", endlich

einmal das zu tun, wozu Sie Lust haben. Scheuen Sie sich auch
nicht, sich vom Weg lehren zu lassen, Ihr Ziel zu überdenken und
gegebenenfalls auch zu ändern, denn es kann sein, dass Sie auf dem
Weg Erfahrungen machen, die Ihnen lehren, dass es Ziele gibt, die
vielleicht wertvoller sind als das anfangs gesetzte Ziel. Wichtig ist
ja nicht das Ziel selber, sondern das, was wir durch es zu gewinnen
glauben. Nehmen wir also einmal an, Sie sind den Weg gegangen,
weil Sie anfangs den Wunsch verspürten, das Glück in der Einsamkeit suchten. Nach einigen Tagen, in denen Sie konsequent diesem
Ziel gefolgt sind, stellen Sie verblüfft fest, dass Sie die Einsamkeit
eben nicht glücklich macht. Sie merken also, dass das einmal gesetzte Ziel nicht das hält, was es anfangs versprach, und tauschen
es, da Sie ja kein Masochist sind, durch ein anderes aus. Sie suchen
sich also zum Beispiel eine reizende Begleitung, mit der Sie sieben
Tage (und sieben Nächte) verbringen, bis Sie schließlich merken,
dass …, und Sie sich nach reiflicher Überlegung dazu entschließen, in der nächsten Zeit mehr darauf zu achten, dass … Natürlich
sollten Sie Ihre Ziele nicht so austauschen wie Ihr Hemd, denn
manche Ziele kann man nur mit Ausdauer erreichen. Andererseits
macht es aber auch keinen Sinn, mit großer Ausdauer konsequent
in die falsche Richtung zu gehen.

Wenn Sie auf der Hauptstrecke des Jakobswegs unterwegs
sind, werden Sie wohl selten dem Problem begegnen, den richtigen Weg zu finden. Es gibt genug Möglichkeiten, sich völlig
problemlos zu orientieren. Sie werden dabei vielleicht bald merken, wie glücklich es Sie machen kann, sich das erste Mal in Ihrem Leben täglich der perfekten Illusion hinzugeben, dass es bei
dem Weg durchs Leben eine eindeutige Orientierung gibt, die
für alle gleich ist und der jeder nur in selber Weise brav zu folgen
braucht, um früher oder später mit allen selig vereint an das eine
richtige Ziel zu gelangen. Diese Erfahrung ist sicher gefährlich,
wenn man meint, sie eins zu eins ins alltägliche Leben übertra-
gen zu können. Sie führt den verklärten Pilger dann nämlich in
die Fänge von politischen oder religiösen Fundamentalisten, die
vorgeben, dem Pilger ab jetzt auch im Alltag die gelben Pfeile für
sein Leben zu zeichnen. Eine umstrittene fundamentalistische

Gruppierung innerhalb der katholischen Kirche wirbt so zum Beispiel mit einem geistlichen Ratgeber namens „El Camino", zu Deutsch: „Der Weg", in der sich knackig einfache Lebensregeln für eine tägliche Lebensorientierung finden.

Dennoch kann es auch einen echten Gewinn bedeuten, die sichere Orientierung auf dem Jakobsweg zu erfahren und auszukosten. Sicher ist es eine Illusion zu glauben, dass man jemals im wirklichen alltäglichen geistigen Leben eine solche klare Orientierung finden kann, wie diese auf dem Jakobsweg zu finden ist. Aber wer einmal erlebt hat, wie froh es macht, sicher zu sein, sich auf dem richtigen Weg zu bewegen und auch keine Schwierigkeiten zu haben, sich weiter auf diesem zu orientieren, der wird sich darüber im Klaren, wie wichtig es für das persönliche Glück ist, innere und äußere Orientierung für sein Leben zu finden. Sie können also aus dieser Erfahrung des Jakobswegs die Sehnsucht nach Orientierung mitnehmen, der Sie dann auch im weiteren Leben folgen dürfen. Es wäre nun aber wirklich gemein von diesem Jakobsweg, wenn er in Ihnen nur eine Sehnsucht nach Orientierung wachrufen würde, auf die er dann aber keine Antworten wüsste. Sie hätten dann nämlich lediglich ein Problem mehr in Ihrem Leben.

Da der Jakobsweg heute voller gelber Pfeile ist, die Sie sich auch nicht so einfach wegdenken können, schlage ich Ihnen vor, sich mit mir in Gedanken in die Zeit zu begeben, in welcher der Pilger sich noch seinen Weg täglich selber suchen musste. Lassen Sie uns darüber nachsinnen, wie man in diesem Fall seinen Weg nach Santiago fand, und versuchen wir dabei zu überprüfen, ob diese Methoden dann auch für unseren inneren Weg auf dem Jakobsweg und im späteren Alltag brauchbar erscheinen.

Um Ihren Weg zu finden, können Sie, wie gesagt, den Zeichen folgen, welche Ihnen andere Menschen, die vor Ihnen den Weg gegangen sind, hinterlassen haben. Für das praktische, aber auch spirituelle Leben gilt aber in gleicher Weise die Frage, ob diese Zeichen auch für Sie Gültigkeit haben und ob sie ausreichend sind. Könnte es sein, dass die Zeichen von Personen angebracht wurden, die nur vorgeben, den Weg gegangen zu sein, und Sie aus Irrtum oder eigenem Interesse fehlleiten?

Eine ausgezeichnete Methode, selbst den Weg nach Santiago zu finden, ist es, der Sonne in ihrem Lauf nach Westen zu folgen. Könnte es also auch in Ihrem täglichen Leben richtig sein, dem Hellen und Warmen zu folgen, wenn Sie Orientierung suchen? Ist es möglich, dass es einen unbekannten besseren Weg zum Ziel gibt, der nur noch darauf wartet, von Ihnen entdeckt zu werden?

Eine andere Möglichkeit ist, Menschen nach dem Weg zu fragen. Aber wie erkennen Sie, ob der Betreffende den Weg kennt und auch bereit und in der Lage ist, ihn Ihnen zu zeigen?

Ist es überhaupt leichter, den Weg zusammen mit einem Begleiter zu finden, oder lenkt dieser Sie nur durch sinnloses Gequatsche ab? Lenken Sie sich vielleicht gegenseitig ab? Das müssen Sie von Fall zu Fall abwägen.

Ist es schließlich einfacher, sich in der baumlosen Ebene, im Wald oder in der Stadt zu orientieren, und wie orientieren Sie sich in den jeweiligen Umgebungen? Fühlen Sie sich in einer bestimmten Landschaft besonders wohl?

Was ist ein Umweg und was ist eine Abkürzung? Wann lohnt sich ein Umweg und woran erkennt man eine gefährliche Abkürzung? Darf, kann, soll und will ich den Weg sogar einmal in die Gegenrichtung laufen?

Wie weit kann und will ich gehen, und wann bin ich am Ziel?

Gemeinschaft üben

Alles, was in diesem Buch bisher an Wegerfahrungen beschrieben wurde, waren Begegnungen, die von der nun folgenden Art der Begegnung in einem wesentlichen Punkt übertroffen werden. Sie können Zeit und Raum, Natur und Kultur, Ihren Körper und auch den Weg selber betrachten, genießen und den Versuch unternehmen, deren Wesen und deren Wirkung auf sich zu verstehen. Sie können der Absicht nachgehen, in Kontakt mit diesen zu treten, und versuchen, sie als einen Teil von Ihnen selbst wahrzunehmen oder auch ein Teil von ihnen zu werden. Immer werden Sie hier aber auf Grenzen stoßen, und nie werden Sie wohl das erfahren, was Sie wirklich brauchen, um sich wirklich voll und ganz als Mensch zu fühlen, nämlich – menschliche Gemeinschaft. Erinnern Sie sich an die Familienurlaube Ihrer Kinderzeit, die Klassenausflüge und Ferienlager in der Schulzeit, die ersten Stunden, die Sie gemeinsam mit Ihrer ersten großen Liebe verbrachten, die ersten Ausflüge mit Ihrem eigenen Nachwuchs? Viele dieser Momente sind gewiss als einige der glücklichsten Momente Ihres Lebens bei Ihnen im Gedächtnis abgespeichert geblieben, denn Sie haben hier etwas erlebt, was Sie vom ersten Geburtsschrei an suchten: eine Antwort auf den Urschrei Ihrer als zutiefst beängstigend erfahrenen menschlichen Einsamkeit. Kennen Sie die Schöpfungsgeschichte, in der dem ersten Menschen ein Partner gegeben wird, um so die Schöpfung vollkommen zu machen. Kennen Sie die Abenteuererzählung von Robinson Crusoe, den phantastischen Roman über den kleinen Prinzen von Saint-Exupéry? Alle diese wahren oder erfundenen Erzählungen haben eine entscheidende Erfahrung gemeinsam, nämlich die zwischen Menschen, die in ihrer Einsamkeit aufeinandertreffen und sich wirklich begegnen, sich von Angesicht zu Angesicht begegnen. Oder kennen Sie ganz im Gegenteil den eigenen Tag- oder Alptraum, alleine in einer verlassenen Landschaft zu stehen oder einsam sterben zu müssen, ohne dass Ihre Ursehnsucht nach der Gegenwart eines anderen Menschen das leiseste Echo findet?

Ich behaupte, dass das, was gerade erfahrene Pilger immer wieder auf den Weg zurücktreibt, vor allem auch eines ist, nämlich ein zutiefst erfahrenes Glück der Gemeinschaft. Diese erreicht auf dem Weg oft eine ungeahnte Tiefe und steht im krassen Gegensatz zu der Anonymität des normalen Alltags. Pilger berichten davon, dass sie auf dem Weg Menschen so begegnen, dass sich hier innerhalb von Stunden ein Gefühl der Vertrautheit einstellt, das sie sonst nur aus langjährigen Freundschaften kennen. Gespräche erreichen eine Ehrlichkeit und Intensität, die zu einer ungeahnten Tiefe, Lebensfreude und Selbsterkenntnis führt. Wie ist dieses Phänomen zu erklären?

Wenn Sie sich die Situationen Ihres Alltages vor Augen führen, die es Ihnen schwer machen, den Menschen auf einer Ebene zu begegnen, können Sie ahnen, warum das Leben auf dem Jakobsweg als eine solche tiefe menschliche Erfahrung beschrieben wird. Im Alltag kommt es deshalb zu wenigen Begegnungen, aber dafür zu umso mehr Konflikten, weil sich die Wege der Menschen dort meist nur kreuzen und kein gemeinsames Ziel haben. Sie und Ihr Chef mögen zwar in der gleichen Firma arbeiten und sich so ständig sehen, Ihre Aufgaben und Positionen sind aber derart unterschiedlich, dass Sie entweder aneinander vorbeilaufen oder im Stress ungewollt aufeinanderprallen werden. Auf dem Jakobsweg ist genau das Gegenteil der Fall, hier hat jeder, egal welchen Alters, Geschlechts, welcher Weltanschauung und kulturellen Herkunft, genau den gleichen „Job", es gibt keine unterschiedlichen Positionen oder Dienstpläne, und man hat jede Menge Zeit, die man einander widmen und schenken kann. Alle gehen und erleben den gleichen Weg, haben früher oder später ähnliche Fußprobleme, kommen schließlich durchnässt oder aber halb verdurstet in der Herberge an, suchen am Abend ein gutes, aber trotzdem billiges Pilgermenü und werden in der Nacht im Schlafsaal der Herberge vielleicht unter ein und demselben Schnarcher leiden, bis sie diesen schließlich ebenfalls gemeinsam samt Matratze in den Gang verlegen. Allein durch diese äußern Umstände des Pilgeralltags entsteht ein tiefes und zugleich unkompliziertes Gemeinschaftsgefühl, das Sie in Ihrer Jugend vielleicht zum letzten Mal erlebt haben. Das gemeinsame Leben auf dem Jakobsweg wäre aber nur ein billiger Cluburlaub, wenn dies schon die ganze Dimension der Begegnung, um die es geht, wäre. So oberflächlich Pilger auch manchmal erscheinen können, ausgesprochen oder unausgesprochen lebt in vielen doch der Wunsch, den Jakobsweg als spirituellen Weg zu erleben. Diese innere Sehnsucht, dieser Traum, macht diese Pilger auch im wenig spektakulären Pilgeralltag irgendwie zu Blutsverwandten. Auch wenn man sich noch wenig kennt, nennt man sich dann auf dem Jakobsweg gerne „Pilgerbruder" und „-schwester". Wandel, Offenheit, Begegnung, Einfachheit und Spiritualität. Alle diese inneren Einstellungen ermöglichen dem einzelnen Pilger reiche persönliche Erfahrungen, die er früher oder später nicht ganz für sich behalten kann und will und deshalb jemandem mitteilen

muss. Der gemeinsame Traum vom Pilgern und auch die Einfachheit des gemeinsamen alltäglichen Lebens auf dem Jakobsweg führen so auch zu einer Einfachheit des menschlichen Umgangs der
Pilgerbrüder untereinander. Und diese Einfachheit schenkt oft ein
so hohes Maß an Vertrauen, dass ein Pilger meist gerne bereit ist,
die ihm geschenkten Erfahrungen nicht für sich zu behalten. Er
schenkt so seinen Erfahrungsschatz im gemeinsamen Reden und
vor allem auch im gemeinsamen Leben mit anderen weiter und
bekommt dasselbe meist vielfältig zurück. Im Gespräch und Leben mit seinen Pilgerbrüdern kann er das, was er selber „er-lebt"
hat, vertiefen, bestätigen und einüben. Nichts kann eine solche
Begegnung auf gleicher Augenhöhe ersetzen. Nichts ist mit der
Begegnung von Mensch zu Mensch vergleichbar. Nirgends sonst
können Sie ein so tiefes Gefühl erleben, verstanden und geborgen
zu sein, wie in der Begegnung mit einem „Du", das „aus dem gleichen Holz geschnitzt ist wie Sie (du) selber".

Hier auf dem Jakobsweg haben Sie also die Möglichkeit, Menschen wirklich zu begegnen, ihre Freude und Ängste mitzuer-
leben und Anteil zu nehmen an dem, was sie wirklich bewegt. Sie
werden so viel Neues erfahren, aber auch vieles, was Ihnen aus
Ihrem eigenen Inneren vertraut ist, (wieder)entdecken können.
Um so nahe an den anderen heranzukommen, müssen Sie, wie
gesagt, die oben genannten „Pilgertugenden" konsequent einüben. Dazu noch einige Anregungen:

Wenn Sie einem bestimmten Menschen, den Sie auf dem
Weg treffen, wirklich begegnen wollen, dann gilt zunächst auch
das Gleiche, wie wenn Sie eine andere Sache oder Dimension des
Weges er-leben wollen: Sie müssen bereit sein, sich auf ihn ein-
zulassen und sie oder ihn überhaupt wahr-zu-nehmen. Lassen
Sie also den Blick dieses Menschen, dem Sie begegnen möchten,
seine Stimme, seine Bewegungen auf sich wirken und versuchen
Sie zu ahnen, wie er denkt und fühlt. Wie könnte es in seiner
Wohnung und in seinem Alltag aussehen? Was hat ihn auf den
Weg gerufen? Wie nimmt er den Weg und genau diesen Moment
wahr, und wie könnten Sie selber im Moment auf diesen einen
Menschen wirken?

Wenn Sie aber einen Menschen wirklich ergründen wollen, so ist dies letztendlich doch eine wesentlich andere Sache als das Erleben eines Wildbaches, einer romantischen Kirche oder eines Baumes. Sie können diese Dinge vielleicht als beseelte Wesen erfahren und genießen, ihnen aber nicht von Angesicht zu Angesicht begegnen. Was die Begegnung zwischen Menschen ausmacht, ist das, was ich hier einmal den „Dialog" nenne. Ich meine damit, dass Sie sich in einem echten Austausch mit einem Menschen befinden. Dieser Austausch kann durch Worte, Gesten, Blicke oder Berührungen geschehen. Wesentlich ist dabei, dass dieser Austausch wechselseitig geschieht – nicht nur in eine Richtung wie zum Beispiel, wenn Sie ein Buch lesen. Mit dem Pilgerbruder und der Pilgerschwester aber reden Sie – und Sie hören ihm und ihr zu. Sie beeinflussen Ihr Gegenüber durch Ihr Reden und Handeln – und lassen sich im Wechselspiel wieder von diesem beeinflussen und formen. Sie geben und Sie nehmen. Sie vertrauen und Sie übernehmen Verantwortung.

Wo dieser Austausch aber nicht zustande kommt oder sich in einem Ungleichgewicht befindet, da ist die Beziehung zwischen den Menschen gestört und kann Sie und/oder den andern vielleicht sogar unglücklich machen.

Eine andere ganz besondere Erfahrung, die Sie nur mit Ihren Pilgerbrüdern machen können, ist die Erfahrung von „Ich", „Du" und „Wir". Sie selbst sind einzigartig auf dem Weg und auf der Welt, können aber im andern doch einen Mit-menschen entdecken, der in vielem so ist wie Sie, aber gleichzeitig doch ein ganz anderes Wesen ist. Jeder für sich ist in sich eine Person, deren Grenzen und Eigenarten Respekt verdienen. Dennoch sind Sie in der Lage, so etwas wie ein gemeinsames Bewusstsein, ein „Wir" zu erleben. Hier auf dem Jakobsweg haben Sie die idealen Voraussetzungen, das „Ich", „Du" und „Wir" zu erforschen und zu er-leben. Besonders wesentlich ist dabei, einschätzen zu lernen, was zu welcher Zeit die richtige Nähe und die richtige Distanz zum anderen ist. Wann will ich auf dem Weg alleine sein, und was suche ich in dieser Erfahrung? Wann suche ich die Gemeinschaft, und was erhoffe ich mir von dieser? Wie viel Nähe oder

Distanz braucht der andere? Welche Art der Nähe suche ich, welche der andere? Reicht es, in Sichtweite zu gehen oder sich nur in jedem nächsten Dorf zu treffen? Möchte ich mich beim Gehen viel unterhalten, oder genügt mir schon die einfache Gegenwart des anderen und ein gemeinsames Schweigen?

Wo die Einfachheit des Lebens auf dem Jakobsweg den Blick für das Wesentliche freigibt, bietet sich Ihnen die Möglichkeit, verschiedenste Menschen und deren Eigenarten wirklich kennen und schätzen zu lernen. Ich sprach vorher davon, dass der Jakobsweg eine eigene Kultur für sich ist. Diese Kultur ist auch eine Kultur der vielen Kulturen, die sich hier auf dem Weg finden und einen gemeinsamen Weg durch eine gemeinsame Welt finden. Um die verschiedensten Kulturen der Welt kennen zu lernen, brauchen Sie also nicht weit zu reisen, Sie finden viele davon auf dem Jakobsweg und können dort erleben, ob und wie ein gemeinsames Zusammenleben möglich ist, ohne dabei die persönlichen kulturellen Eigenheiten zu vergessen, sondern sie vielmehr zu einer Bereicherung für andere Kulturen, d. h. Menschen, werden zu lassen.

Gleiches gilt für die verschiedenen Lebensalter, die hier aufeinandertreffen und einander, oft ganz im Gegensatz zum Leben im normalen Alltag zu Hause, auch wirklich begegnen. Lernen Sie von der Weisheit und der Gelassenheit Ihrer Pilgerbrüder aus den „höheren Semestern". Entdecken Sie den kreativen Leistungswillen einiger Pilger in den „besten Jahren", oder lassen Sie sich, wenn Sie es in der Zwischenzeit verlernt haben, von dem ungestillten ursprünglichen Lebensdurst der „Jugendhorde" auf dem Weg anstecken. Jedes Lebensalter, das Sie in der Gemeinschaft der Pilgerbrüder finden, hat – ähnlich wie auch jede Jahreszeit der Natur – seine besondere Schönheit und seine besonderen Schätze, die nur darauf warten, von Ihnen entdeckt zu werden.

In vielen Büchern – und natürlich in fast allen Beiträgen der Boulevardpresse – über den Jakobsweg darf ein Begriff nicht fehlen, um den jeweiligen Werken höhere Auflagen zu garantieren, nämlich: „Sex". Verschiedene Autoren wissen über unterhaltsame Liebesgeschichten und auch wahre Sexorgien auf dem Jakobsweg zu berichten. In der einschlägigen spanischen Presse gingen bereits Bilder von besonders leicht bekleideten Pilgerinnen herum. „Sex sells", dies gilt auch für den Jakobsweg. Sicher ist es so, dass auch auf dem Jakobsweg ebenso wie an allen Orten, an denen der sonst so stressgeplagte Alltagsmensch die schönste Zeit des Jahres verbringt, vergessen geglaubte Gefühle wiedererwachen können und dann auch nicht selten eine „erhöhte erotische Aktivität zu verzeichnen ist". Das weit verbreitete Image eines von Kondomen übersäten Wegrands und eines feucht-frivolen Schlafsaales, in dem die Nachtruhe regelmäßig nicht nur durch Schnarcher gestört wird, entspringt nach meiner Auffassung aber wohl eher dem Wunsch nach höheren Auflagen und bedient dabei bereitwillig die verarmte sexuelle Phantasie bestimmter Zeitgenossen. Selbige oftmals frustrierten Zeitgenossen finden sich dann gelegentlich mit dementsprechenden Erwartungen auf dem Jakobsweg ein. Sie verlassen diesen dann aber auch bald genauso schnell wie frustriert, ganz von alleine wieder, wenn sie merken, dass sie hierbei in ihrer kurzsichtigen Suche nach einem Abenteuer demselben Selbstbetrug verfallen sind wie vielleicht auch in ihrem normalen Alltag.

Erfreulicherweise trifft es aber tatsächlich oft zu, dass sich auf dem Jakobsweg nicht nur verschiedene Kulturen und Lebensalter unkompliziert und offen begegnen, sondern auch die verschiedenen Geschlechter. Auch die Körperlichkeit und Erotik spielen hierbei natürlich eine wesentliche Rolle. Erotik ist dabei aber nicht unbedingt nur und in erster Linie im Sinne von Sex zu verstehen, sondern mindestens genauso sehr in der Art, dass man durch die echte Begegnung mit dem anderen Menschen auch dessen besondere Eigenschaften als Frau oder Mann zu schätzen lernt. Ob dann eine solche Begegnung, die meist eine bereichernde Urlaubsbekanntschaft bleiben wird, über kleine Zärtlichkeiten hinaus zwangsläufig auch eine sexuelle Erfahrung sein muss, ist damit nicht unbedingt beantwortet. Versuchen Sie sich also in der Frage, ob Sie den „Weg ins Bett" suchen wollen, von keinen bloßen Konventionen leiten zu lassen, die von der einen oder auch anderen Seite offen oder verdeckt an Sie herangetragen werden.

Versuchen Sie vielmehr (wenn Sie noch dazu im Stande sind) für sich abzuklären, was Sie in der Begegnung mit dem anderen wirklich suchen und auf welchem Weg Sie diese Begegnung mit ihm erreichen können. Bedenken Sie dabei auch, wie diese Art der Begegnung mit Ihrer Weltanschauung und Ihrem „Leben nach dem Jakobsweg" vereinbar ist, sonst erwachen Sie am nächsten Morgen eventuell mit einer gewissen Katerstimmung.

Lernen Sie auf dem Jakobsweg also, ein tiefes Gespür für sich und den anderen zu bekommen. Welche Eigenschaften und welcher Umgang mit Ihnen zeichnet ihn als geeigneten Wegpartner für Sie aus? Welche Art von Partnerschaft kann für Sie und ihn bereichernd sein und wo liegen deren Chancen und Grenzen? Woran erkennen Sie einen guten Berater für sich? Welche Erwartungen stellen Sie an diesen? Welche dieser Erwartungen sind gerechtfertigt und welche sind utopisch? Können Sie sich vorstellen, selbst als Berater eine Hilfe für andere zu sein? Wie können Sie helfen und wem können Sie helfen?

So erstaunlich einfach das Pilgerleben den Umgang der verschiedenen Kulturen, Lebensalter und Geschlechter untereinander macht – es herrscht auch hier nicht die ganz heile Welt, und täglich müssen Konflikte bewältigt werden. Die große Chance der Konflikte auf dem Jakobsweg liegt aber auch hier in der Einfachheit des Lebens auf dem Jakobsweg. Auch die Gründe für Konflikte sind so auf dem Jakobsweg oft leicht einsehbar und fühlbar. Was meine ich damit? Ganz einfach: Die persönlichen Eigenschaften der Menschen, die zu Konflikten führen, werden auf dem Jakobsweg schneller für diesen selber, aber auch für andere sichtbar als im komplizierten Alltag und können deshalb manchmal auch schneller gelöst werden. Nehmen wir zum Beispiel die Eigenschaft der Intoleranz gegenüber andern: Es gibt, so meine ich, berechtigte und ebenso unberechtigte Gründe für Intoleranz: Wenn ein Pilgerbruder mit seinem Gepäck zwei Betten in der vollen Pilgerherberge belegt und mir so den Raum zum Leben nimmt, habe ich wohl berechtigten Anlass, ihn freundlich darauf hinzuweisen, das mir sein Verhalten Probleme bereitet. Bin ich jedoch der Meinung, ich habe zweifelsfrei richtig erkannt, dass mein Pilgerbruder den Jakobsweg aus einer „falschen" Motivation heraus oder in einer „falschen" Art und Weise macht, und bin deshalb der Überzeugung, ich müsse ihn so lange mit einer Moralpredigt zutexten, bis er schließlich in die Knie geht und die „richtige" (d. h. meine) Motivation und Lebenspraxis übernimmt, oder aber den Weg verlässt, so mache ich damit mir und dem andern nur unnötig das Leben schwer. Unser eben genannter zum Prediger berufener Pilger sollte hier, so meine ich, besser in sich gehen und versuchen, zu verstehen, dass vielleicht gerade dieser Pilger, dem er eine falsche Motivation unterstellt, ihm eventuell in besonderer Weise eine andere Sicht für den Jakobsweg öffnen könnte, weil er dort gerade andere Dinge sucht und erkennt als er selbst. Könnte es sein, dass unser selbst ernannter Laienprediger durch seine Bekehrungsversuche eventuell sich selbst davon überzeugen will, dass seine ihm selbst immer zweifelhafter werdende Motivation doch die einzig richtige sein muss? Kurz: Die Ursache für Intoleranz gegenüber anderen ist oft in der eigenen Unsicherheit zu suchen. Der Jakobsweg kann Erkenntnisse wie diese in seiner Einfachheit sehr gut vor Augen führen.

Nicht sehr viel anders verhält es sich mit Neid und Eifersucht. Auch hier nehme ich vielleicht nur den Besitz oder das Können anderer zum Anlass, an mir und meinem Können zu zweifeln. Was schadet es mir zum Beispiel konkret, wenn ein sportlicher Pilger in reizvoller weiblicher Begleitung flotten Schrittes lächelnd an mir vorbeizieht. Ich selber werde dadurch weder schneller noch langsamer. Es besteht also kein Grund, diesen friedlichen Menschen in meiner Phantasie zu einem sportbesessenen Sexisten zu machen, nur weil ich nicht anders in der Lage bin, meinen Neid und meine aufkeimende Eifersucht in den Griff zu bekommen.

Nutzen Sie also den Jakobsweg dazu, einen besseren Blick für andere Menschen zu bekommen. Weil Menschen keine Dinge sind und Sie sich immer in einem Dialog mit ihnen befinden, bedeutet dies aber stets, dass Sie hierbei auch lernen müssen, wie es um Ihr Verhältnis zu Ihren Mitmenschen steht. Letztlich werden Sie also im täglichen Leben mit anderen auf dem Jakobsweg auch sich selber besser kennen lernen – aber mehr dazu gleich im folgenden Kapitel.

Lernen Sie auf dem Weg auch fair und konstruktiv zu streiten, also so, dass es Sie beide weiterbringt und Streit so auch zu einer guten Erfahrung werden kann. Wenn Sie, wie anfangs beschrieben, üben, dem anderen wirklich zu begegnen, und sich dabei immer wieder bewusst machen, dass Sie beide Pilger sind, dann werden sich viele Probleme recht schnell in Luft auflösen oder Sie vielleicht sogar zu einer wichtigen Erfahrung hinführen. Nicht selten werden Sie aber wohl auch einfach akzeptieren müssen, dass Sie selbst und auch andere Menschen Menschen mit Fehlern sind. Deshalb werden Sie es nicht immer vermeiden können, Ihre Mitmenschen zu verletzen und zu enttäuschen. Üben Sie dann einfach, was es heißt zu verzeihen, denn Sie lernen dadurch nicht nur, die Schwächen anderer anzunehmen und besser mit diesen zu leben, sondern sich dadurch auch selbst als fehlerhafter Mensch besser zu akzeptieren. Sie werden dann bald feststellen, dass Sie es so langfristig doch um einiges besser mit anderen und auch mit sich selbst aushalten können.

Schenken

Ein guter Weg, einen Menschen als ein besonderes Geschenk des Weges zu erkennen, ist es, selber zu schenken und auch zu lernen, sich von anderen beschenken zu lassen. „Geiz ist geil", diese Devise mag vielleicht in Supermärkten und bei der Buchung Ihres Flugzeuges die richtige sein, gibt aber nicht unbedingt „die richtige Richtung" im Umgang mit anderen Menschen vor. Ich habe unter dem Kapitel „Natur erfahren" schon davon geredet, wie reich es Sie machen kann, das Danken zu lernen, da Sie dadurch erst richtig merken, wie reich Sie beschenkt worden sind. Wenn Sie nun lernen, bewusst und freudig zu schenken, merken Sie, dass Sie nun sogar so reich geworden sind, dass Sie es sich nun „sogar leisten können", etwas zu verschenken. Sollte Ihnen auf dem Weg nicht viel Geld zur Verfügung stehen oder Ihnen teure Geschenke schlicht zu banal oder unpassend erscheinen, so verschenken Sie ein Stück von einem persönlicheren „Kapital", das Sie hier auf dem Weg zur Genüge haben. Zum Beispiel etwas von Ihrer Zeit, Ihrer Phantasie, Ihrer Aufmerksamkeit, Ihrer Zuneigung. Sicher ist es am Anfang einfacher, den Menschen etwas zu schenken, bei denen Sie die berechtigte Hoffnung hegen können, dass sie so „vermögend" sind, Ihnen auch wieder etwas für Sie Wertvolles zurückschenken zu können. Ein solches Schenken ist sicherlich als „Schenken für Anfänger" zu bezeichnen. Andererseits haben Sie aber auch das gute Recht, so lange Anfänger zu bleiben, wie Sie dies wollen und wie Sie meinen, dass Ihnen dies guttut.

Ich möchte versuchen, konkreter zu werden. Nehmen wir an, Sie lernen einen Menschen auf dem Weg kennen bzw. versuchen diesen kennen zu lernen. Sie hören einen Teil seiner Lebensgeschichte oder versuchen, durch das, was er sagt, fragt oder was er tut, zu verstehen, was er denkt und fühlt. Sie glauben ein Stück von ihm verstanden zu haben oder Sie wollen versuchen, ihn noch besser zu verstehen. Nun machen Sie den „Schenk-Test", durch den Sie nicht nur den anderen, sondern auch sich selbst prüfen. Nun wird es ernst: Sie versuchen zu ahnen, was dem anderen Freude machen könnte und wie Sie ihm dies geben könnten. Aus Ihren persönlichen Vermögenswerten der Zeit, Phantasie, Zuneigung ... bereiten Sie ihm ein Geschenk. Sie schenken ihm z. B. eine Blume, die Sie auf dem Weg gefunden haben, und überreichen sie ihm mit besonderen für ihn ausgewählten Worten; Sie schenken ihm einfach nur Ihre Aufmerksamkeit und somit das Gefühl, wichtig zu sein, oder Sie tragen ihm seinen schweren Schlafsack bis zur nächsten Herberge. Wenn sich der andere nun über Ihr Geschenk freut, haben Sie den Test bestanden, denn Sie haben damit bewiesen, das Sie ein Stück von den Träumen, Ängsten – von dem Leben des Beschenkten verstanden haben. Sie sind nun durch Ihr Geschenk ein kleiner Teil von diesem geworden. Sie haben sich aber auch selber bewiesen, dass Sie etwas geben können, was anderen Freude machen kann. Da das, was Sie verschenkt haben, aber Ihr eigenes persönliches Kapital war – also ein Teil von Ihnen selbst –, erkennen Sie sogleich, wie wertvoll Sie letztlich selber sind.

Sollte der Versuch aber fehlschlagen und der andere sich nicht freuen, so versuchen Sie es nochmals, lassen sich von diesem Nachhilfe geben, indem Sie ihn fragen, womit Sie ihm eine Freude machen können, oder suchen sich ein anderes „Opfer". Wiederholen Sie die Übung so oft, bis Sie reich und glücklich sind, und wagen Sie sich dann eventuell an schwierigere, d. h. undankbarere „Fälle".

Geben Sie aber auch anderen die Möglichkeit, zu schenken und so als Schenker glücklich zu werden. Wenn Sie ihnen dabei unaufgefordert erklären würden, was sie Ihnen zu schenken hätten, wären Sie ein plumper Spielverderber; Sie dürfen dem anderen aber doch kleine Signale senden, um ihm auf die Sprünge zu helfen. So werden Sie auch eher etwas bekommen, was Sie brauchen können. Wie machen Sie das? Seien Sie einfach nur offen und ehrlich zu sich und zu den anderen Pilgern, der Rest stellt sich dann hoffentlich ganz von alleine ein.

Sich über ein Geschenk, das Sie empfangen haben, zu freuen, macht den Schenker und Sie glücklich. Noch reicher macht es den Schenker und vor allem auch Sie selbst, wenn Sie gelernt haben, sich für ein Geschenk auch zu bedanken. Seien Sie deshalb sehr auf der Hut, dass Sie es nicht übersehen, wenn Ihnen ein Pilgerbruder ein kleines Geschenk macht, das Sie als ungeübter „Mitspieler" noch aus Versehen als eine alltägliche Selbstverständlichkeit missinterpretieren. Allein die Zeit, die er als Mensch mit Ihnen verbringt, ist ja, wie zu Anfang dieses Kapitels zu lesen steht, ein durch nichts ersetzbares Geschenk, für das Sie dankbar sein dürfen. Haben Sie dies als Geschenk erkannt, so bedanken Sie sich durch Worte, Taten oder einfach nur durch ein Lächeln.

Man könnte dieses gegenseitige Beschenken, das aus dem Wunsch wächst, den anderen besser zu verstehen, ihn glücklich zu machen, ihm zu begegnen und ihn zu einem Teil des eigenen Lebens zu machen, auch „Liebe" nennen. Versuchen Sie, wenn Sie wollen, die Zeit und die menschlichen Begegnungen auf dem Weg dazu zu nutzen, besser zu verstehen, was Liebe ist, welche Formen Liebe annehmen kann und was der Liebe guttut und was nicht. Der Jakobsweg ist dann für Sie ein Weg zum Mitmenschen

und – wie gleich noch deutlicher wird – letztlich auch ein Weg
zu Ihnen selbst.

Sich selbst erkennen

In den vorhergegangenen Kapiteln waren wir darum bemüht,
zu ergründen, wie es möglich ist, Dinge zu er-leben, die wir auf
dem Weg vorfinden. Bei diesem Kapitel ist dies nicht der Fall.
Der Blick richtet sich nun nach innen, also in uns selbst hinein.
Es geht nun um eine Methode, also einen Weg, sich selbst zu
erfahren. Warum sollte aber gerade der Jakobsweg, der ja Hunderte Kilometer in die Ferne führt, dazu geeignet sein, dort auf
der Suche nach sich selbst dem eigenen Inneren zu begegnen?
Was ist überhaupt unter so modernen Schlagwörtern wie Selbst-
suche, Selbsterfahrung, Selbsterforschung, Selbsterkenntnis und
Selbstfindung zu verstehen, und warum erfreuen sie sich heute
anscheinend einer so großen Beliebtheit? Was geschieht bei einer
Selbsterfahrung und was kann deren Ergebnis sein?
   Zunächst sei einmal die nur vordergründig banale Feststellung
erlaubt, dass der Mensch selbst etwas Wertvolles ist und dass es
deshalb ganz nützlich erscheint, darüber Bescheid zu wissen, wie
man ist und wie es einem geht. Diese simple Feststellung erscheint
auf den zweiten Blick durchaus nicht selbstverständlich, wenn man
bedenkt, zu wie vielen Herzinfarkten und Depressionen die tägliche Sorge um die vielen Dinge des alltäglichen Lebens führt, denen
somit oftmals mehr Bedeutung zugemessen wird, als dem eigenen leidenden Körper und dem eigenen nicht selten verarmten
Seelenleben. Die Wurzel dieses Problems ist wohl auch darin zu
suchen, dass wir es in unserer kommerziellen Kultur, in der das
Unwort des „Humankapitals" die Runde macht, immer mehr ver-
lernen, den Menschen und sein Wohlergehen selbst als Ziel der
Kultur und nicht als bloßes Mittel zu einem wirtschaftlichen oder
politischen Zweck zu sehen. Auch ist es paradoxerweise um einiges schwieriger, seinen leiblichen und seelischen Zustand wahrzunehmen, zu bewerten und so auch als eine persönliche Aufgabe

zu erkennen als zum Beispiel den Zustand des eigenen Girokontos oder des eigenen Autos. Mängel an sich selbst und am eigenen Wohlergehen werden daher oft sehr spät und meist nur sehr diffus wahrgenommen. Ein ganzes Heer an spezialisierten Psychologen – und auch an unseriösen „Seelenklempnern" – kann heute davon leben, den Problemstau aufzuarbeiten, der dadurch entstanden ist, dass so vielem eine persönliche Sorge zuteil wurde, nur nicht dem eigenen seelischen Wohlbefinden.

Wenn Sie morgens aufstehen, schauen Sie in den Spiegel und stellen nach dem Schminken oder Rasieren fest, ob Sie heute gut aussehen oder nicht. Sie stellen sich vielleicht jeden zweiten Tag auf die Waage, um zu merken, ob Sie abnehmen müssen, und gehen jedes Jahr zum Arzt, um Ihre Blutwerte überprüfen zu lassen. Eine wirklich tiefergehende Erkenntnis Ihrer selbst ist aber um einiges schwieriger als das schlichte Ablesen dieser Daten. Wenn Sie Ihre wirklichen persönlichen Eigenschaften und auch den wahren Zustand Ihres Seelenlebens erkennen wollen, so können Sie hierzu ja in keinen einfachen Spiegel schauen. Selbst wenn es einen solchen Spiegel gäbe, wäre es nicht einfach, wirklich zu erkennen und zu verstehen, was Sie da sehen, denn das innere Leben des Menschen ist komplizierter als alles andere in dieser Welt.

Um eine bessere Ahnung davon zu bekommen, wie und wer Sie sind, haben Sie die Möglichkeit, Freunde, Persönlichkeitstests, Horoskope oder Psychologen zu Rate zu ziehen, sich Selbsterfahrungsgruppen anzuschließen oder sogar zu versuchen, einen Ausflug in Ihr angebliches früheres Leben zu unternehmen. Sie können auch den Versuch starten, die Sie umgebenden Dinge und Ihre alltäglichen Gewohnheiten zu bewerten, und so Rückschlüsse auf sich selbst ziehen: Ich jogge dreimal die Woche 10 bis 15 km und fahre einen sechs Jahre alten Audi A4, also bin ich sportlich und mittelmäßig wohlhabend. Ein Stück weit werden Sie mit dieser Methode der Selbsterkenntnis weiterkommen. Sie werden aber durch diese Methode kaum eine Antwort darauf erhalten, ob das, was Sie in Ihrem Alltag gerade tun und besitzen, wirklich alles ist, was Sie tun und besitzen könnten, ob Sie dies alles wirklich glücklich machen wird und ob es nicht auch andere Dinge gibt, die Sie an sich entdecken und entfalten könnten.

Um seinen Horizont zu erweitern und sich und andere besser kennen zu lernen, bieten sich von jeher der Urlaub und das Reisen an. Beides ermöglicht nämlich einen praktischen Ausweg aus dem Irrtum, dass man nur das ist und sein kann, was einem der eigene Alltag ständig glauben machen will. Wenn Sie so zum Beispiel im Urlaub den Mut haben, aus der Insel Ihres persönlichen Alltags herauszutreten und Ihren Horizont zu erweitern, können Sie dabei auch viel Neues über sich selber lernen. Tun Sie Dinge, die Sie sonst nie im Alltag zu denken wagen, und Sie werden neue Qualitäten an sich entdecken und sich dadurch auch neu und anders kennen lernen.

Was macht aber nun gerade den Jakobsweg zu so einem so beliebten Ziel der heutigen Selbstsuchebewegung? Der aufmerksame Leser wird es schon erahnen: Da wir ja bis über beide Ohren in uns selbst stecken, ist es uns nur sehr schwer möglich, uns selber zu betrachten. Wir erkennen uns dadurch, dass wir uns im Umgang mit der Welt und mit anderen Menschen erfahren. Je vielseitiger und tiefer diese Erfahrungen sind, umso besser können wir uns selbst dadurch kennen lernen. Ich hatte anfangs davon gesprochen, dass das Wort er-leben so viel bedeutet wie versuchen, einer Sache oder einem Menschen so auf „den Grund zu gehen" und ihm so zu begegnen, dass er oder es eine Bedeutung für das eigene Leben bekommt. Je reicher Ihr Leben durch solche Begegnungen aber wird, desto mehr sind Sie dazu in der Lage, den Reichtum, die Tiefe und die Facetten Ihrer eigenen Person zu erkennen und zu verstehen. Ich möchte Ihnen nun verdeutlichen, warum und wie solche Erfahrungen gerade auf dem Jakobsweg möglich sind, und fasse dabei im Grunde nur das bisher Gesagte nochmals aus der Perspektive des Gedankens der Selbsterfahrung zusammen.

Im ersten Kapitel dieses Abschnittes war von den Dimensionen der Zeit und des Raums die Rede. Das Gehen auf dem Jakobsweg gibt Ihnen die Möglichkeit zu lernen, Ihr Leben zu entschleunigen, sich Zeit für sich zu nehmen und in sich hineinzuspüren, was Ihr richtiges Tempo und Ihr eigener Geh- und Lebensrhythmus ist.

Sie „kommen zu sich". Das Wandern durch den Raum führt Ihnen anschaulich vor Augen, wie sich die Sichtweise der Dinge aus den verschiedenen Perspektiven wandelt, und kann so auch dazu führen, dass Sie die Ansichten über verschiedene Dinge, Zusammenhänge und auch über sich selber überdenken und ändern.

Wenn Sie im Schoße der Natur still werden, dürfen Sie besonders tief erfahren, dass Sie auch selbst ein Kind der Natur sind und deshalb auch deren Erbe in sich tragen. Sie haben auf dem Jakobsweg so die Chance, den Rhythmus der Natur zu entdecken und zu erleben, dass auch Sie diesen Rhythmus in sich spüren und als einen persönlichen Halt wiederentdecken können.

In der Begegnung mit Ihrem eigenen Körper, den Sie beim täglichen Gehen zum Teil unter Schmerzen, letztendlich aber hoffentlich aus purer Lust an der Bewegung wieder neu entdecken, begreifen Sie, was es bedeutet, sich „wohl in seiner Haut zu fühlen", und lernen so wieder neu, wie Ihr Körper zu einer Quelle der Freude und eines gesunden Selbstbewusstseins werden kann.

Das Erleben von Geschichte auf dem Jakobsweg kann Ihnen schließlich vor Augen führen, dass auch Sie selbst ein Teil der Geschichte sind. Das heißt, dass Sie auf dem Jakobsweg und in gleicher Weise auch auf Ihrem eigenen Lebensweg nicht nur eine Welt vorfinden, die Sie prägt, sondern diese Welt auch selber prägen können.

Die Lebenskultur des Jakobsweges ist eine Kultur der Einfachheit. Sie gibt Ihnen den Blick für das Wesentliche frei. In ihr können Sie, fern von der verwirrenden Vielfalt des Alltags, jene Dinge besser erkennen, denen Ihr Augenmerk gelten soll. Dies gibt Ihnen die Möglichkeit, ungestört in sich zu gehen. Auch lernen Sie aus der Entfernung zu Ihrem Alltagsleben Ihre Alltagskultur kritischer zu betrachten und so bewusster zu überprüfen, ob diese Lebensart wirklich Ihrer Natur, Ihren neu entdeckten Begabungen, Ihrem Rhythmus und Ihren auf dem Weg vielleicht neu erwachten Träumen entspricht.

Durch die Erfahrung des Weges als solchen lernen Sie besser zu begreifen, dass Sie selbst ein Mensch im ständigen Wandel sind, der sich ständig neu orientieren muss. Sie werden sensibler dafür, worauf es bei der Suche nach neuen persönlichen Zielen und Wegen ankommt und woran Sie sich in dieser Suche orientieren können.

In der Begegnung mit den anderen Pilgern können Sie schließlich lernen, Ihre persönlichen menschlichen Eigenschaften besser kennen zu lernen und neu zu entdecken. In ungeahnter Weise lernen Sie hier zu erkennen, wie Sie andere Menschen glücklich machen können, und entdecken dabei neue Fähigkeiten an sich. In keiner anderen Begegnung auf dem Weg haben Sie deshalb wohl so gute Möglichkeiten, sich selbst zu erkennen, wie im Kontakt mit Ihren Pilgerbrüdern. Diese sind nämlich aus dem gleichen Holz wie Sie geschnitzt, und indem Sie sie kennen und lieben lernen, lernen Sie sich auch selbst besser kennen und lieben. Ihre Mitmenschen sind ja alle, der eine mehr und der andere weniger, Spiegelbilder Ihrer selbst und somit wohl das beste Medium einer echten tief menschlichen Selbsterfahrung. Auch ist kein anderes Wesen auf dem Jakobsweg in der Lage, Sie so tief zu er-leben wie ein Mitmensch und Ihnen dieses Er-lebnis dann auch in Ihrer eigenen menschlichen Sprache mitzuteilen. Wenn Sie sich also selber besser verstehen wollen, dann öffnen Sie sich Ihren Pilgerbrüdern, denn diese können Ihnen mit oder ohne Worte viel darüber mitteilen, wer Sie sind und wer Sie sein könnten.

Lernen Sie also, sich selbst bewusster wahrzunehmen, indem Sie sich in Sensibilität für sich, aber auch für Ihre Mitmenschen, üben. Wie bewältigen Sie zum Beispiel Angst, Ärger, Demütigung und Konflikte? Können Sie Schwächen, die Sie bei anderen erkannt haben, auch bei sich selbst finden? Welche Stärken haben Sie bei sich bisher übersehen und wie wollen Sie diese in Zukunft besser zur Geltung kommen lassen?

Es sei hier nochmals daran erinnert, dass Selbsterfahrung auf dem Jakobsweg nur dann gelingen kann, wenn man für menschliche Begegnungen, neue Erfahrungen und einen inneren persönlichen Wandel offen ist. Nicht selten entsteht nämlich bei manchen Pilgern hier ganz im Gegenteil der Eindruck, sie würden im Jakobsweg keine Selbsterfahrung, sondern eher eine seltsame Art der Selbst-bestätigung suchen. Sie scheinen den Weg dazu zu gebrauchen, sich und der Welt zu beweisen, dass sie so perfekt sind, dass sie mit ihrer versteinerten Weltanschauung „ohne mit der Wimper zu zucken" Hunderte Kilometer weit kommen, ohne sie oder sich selbst dabei irgendwie ändern zu müssen. Der Gang auf dem Jakobsweg erinnert bei derartigen Zeitgenossen dann eher an einen Marsch durch Feindesland, der nur den Beweis bringen soll, dass es dem strammen Jakobsweghelden möglich war, all den Anfechtungen der bösen Welt zu widerstehen und dem Weg und seinen Menschen dank der eigenen persönlichen Stärke und moralischen Überlegenheit bis zuletzt tapfer Paroli zu bieten.

Auch sollte die Suche nach Selbsterkenntnis nicht dazu führen, dass Sie die typische, ernste in sich gekehrte Miene eines permanent sich selbst Suchenden aufsetzen und dabei das Lächeln über sich und Ihre Welt vergessen. Positive Selbsterfahrung geschieht, so meine ich, vor allem durch die freudige Begegnung mit der Welt und den Menschen. Seien Sie also bitte auf der Hut, dass Sie nicht in eine krampfhafte Nabelschau verfallen, in der Sie nur noch sich und Ihre Probleme wahrnehmen und dadurch den Blick für andere und das viele Schöne in der Welt verlieren.

Gott erahnen – Jesus begegnen – den Geist atmen

Eine Dimension der Quelle tiefen Glücks und wahrer Selbsterfahrung wurde in diesem Buch bisher noch nicht erwähnt. Sie erschließt sich nicht jedem sofort, und manchem Pilger scheinbar nie. Andere scheinen auch schlicht kein Interesse an einer Begegnung mit dieser Dimension des Weges zu haben.

Es geht nun um die im engeren Sinn „spirituelle" Dimension des Pilgerns. Natürlich ist auch diese Dimension in den vorher genannten Dimensionen immer schon enthalten. Jeder Pilger, der sich um Öffnung bemüht, sei es nun gegenüber der Natur, dem Raum, der Zeit, der Geschichte, der Lebenskultur des Weges, dem Mitmenschen und der eigenen Persönlichkeit und Seele, erlebt eigentlich schon Spiritualität. Trotzdem wäre ein

Buch über die Spiritualität des Jakobswegs unvollständig, wenn hier nicht der Versuch gewagt würde, auch ganz besonders auf diese Dimension des Transzendenten, des „Religiösen" und Göttlichen einzugehen. Nachdem die grundlegenden Erfahrungen des Wandels, der Offenheit, der Einfachheit und der Begegnung betrachtet wurden, will ich deshalb jetzt etwas zur „Spiritualität" im engeren Sinne sagen.

Die meisten Pilger scheinen sich darüber einig zu sein, dass Pilgern „irgendwas" mit Religion oder Spiritualität zu tun hat und dass dieses „irgendwas" eine mehr oder weniger bedeutende Rolle in ihrem Pilgerleben spielt. Man ist sich bewusst, oder man ahnt es zumindest, dass da auf dem Jakobsweg „irgendwas da ist", das dem Weg einen besonderen „Geist" verleiht. Ich habe in meinem Studium im Nebenfach einige Stunden katholische Theologie studiert und bekam dort zu hören, dass Gott sich im Alten Testament als der „Ich-bin-da" (Ex 3,14) zu erkennen gibt. Ein Zufall? Um den Jakobsweg aus der theologischen Perspektive abzuhandeln, müsste ich wohl ein Theologe sein und dazu noch einiges an weiterführender Literatur studieren, um es in diesem Kapitel systematisch zu verarbeiten. Dies wäre sicher ein wertvolles Vorhaben und eine berechtigte Heran-gehens-weise, das zu verstehen, was der Jakobsweg vielleicht ist. Ich möchte hier aber bewusst versuchen, einen anderen Weg der Erkenntnis zu gehen, nämlich nicht den eines Wissenschaftlers, sondern den eines Pilgers. Nicht beim Lesen, sondern beim Gehen versuche ich – zusammen mit Ihnen –, das zu verstehen, was Gott und wie Gott vielleicht sein könnte. Sicher ist dies im weitesten Sinne auch eine Art „kleiner Theologie", also ein Nachdenken über Gott. Es ist aber ein anderer „Zu-Gang", nämlich der konkrete Zugang über den Jakobsweg. Lassen Sie mich also das Experiment starten, wie man sich Gott ganz im Sinne der eben genannten Grundsätze und Erfahrungen eines Jakobspilgers auf seinem Pilger- bzw. Lebensweg „Schritt für Schritt" vorstellen und sich ihm nähern könnte.

Ich erinnere nochmals daran: Den Jakobsweg wirklich voll auszuschöpfen bedeutet, ihn, so gut es „geht", in der Tiefe all seiner Dimensionen zu er-leben. Dies heißt also, dass es unsere

Berufung als Pilger ist, möglichst viele Dinge und Zusammenhänge auf dem Weg zu entdecken und diese so zu er-leben, dass
sie eine Bedeutung für das eigene persönliche Leben bekommen.
Wer also dem Gebot der Offenheit folgt und spürt, dass es da auf
dem Jakobsweg – und natürlich auch sonst überall im Leben –
noch etwas gibt, das er nur ahnen kann, das aber irgendwie „da
ist", dann tut er sehr gut daran, auch dieses „Etwas" zu suchen,
zu entdecken und es dazu einzuladen, eine tiefere Bedeutung für
sein Leben zu bekommen.

Um konsequent im Erleben und Hoffen eines Pilgers zu bleiben,
muss dieses „Etwas" also irgendwo auf dem Weg erfahrbar sein,
und wenn es selbst nicht unmittelbar sichtbar ist, dann muss es
doch zumindest Spuren im Staub des Weges oder unseres bisherigen Lebensweges hinterlassen haben. Es müsste auch etwas
sein, das eine echte Bedeutung für uns haben kann; also nichts
rein Abstraktes, das nur denkbar, aber nicht konkret wahrnehm-
bar und erlebbar ist. Nichts, das nur ein Traum bleibt, und genauso wenig etwas, das sich in Luft aufzulösen zu scheint, wenn
wir uns ihm wirklich zu nähern versuchen. Etwas, das von der
Art ist, dass es uns überhaupt begegnen kann und uns vor allem
auch in einer Weise begegnen kann, dass wir es als Menschen auf
dem Weg mit unseren Problemen und Fragen als einen echten
persönlichen Gewinn, also als wahres Geschenk wahrnehmen
und annehmen können. Wie könnte also nun ein solches reales
er-lebbares Etwas sein, und wo können Pilger auf dem Weg zumindest einige von seinen Spuren finden?
    Ich werde nun versuchen, Ihnen einige Begebenheiten auf
meinem Weg zu nennen, bei denen ich meinte, etwas von diesem
„Etwas" erahnen zu können. Vielleicht können Sie mir dabei folgen; haben Sie dabei aber bitte Nachsicht mit mir, denn ich habe
nur zwei Augen und zwei Ohren und mein Urteil mag aufgrund
einiger vorangegangener Vorlesungen in katholischer Theologie
auch durch Vorurteile belastet sein. Was ich Ihnen über dieses
„Etwas" zu erzählen versuche, ist also nur ein kleiner Ausschnitt
dessen, was an Erfahrungen möglich ist. Das erste Gebot lautet

also auch hier, dass Sie Ihre Augen, Ohren und Ihren Sinn offen halten, um „dieses Etwas" selber zu erfahren und zu erleben.

Ein Zu-gang zum Geheimnis „hinter" der vordergründigen Welt war für mich die intensive Erfahrung der Welt, „wie sie ist". Ich glaube, so zum Beispiel dieses Geheimnis in der bereits beschriebenen Ordnung von Raum und Zeit erahnen zu können. Dazu gehört zum Beispiel meine Freude darüber, wie schön in der Natur alles aufeinander eingespielt ist. Eins greift ins andere, jede Blume hat ihre eigenen Insekten, die sie bestäuben, der Kreislauf des Wassers scheint auf den Durst des Lebens zu antworten. Die Quelle erwartet mich, den durstigen Pilger, mit einem einladenden Plätschern, und die Natur ist für mich so Quelle von tiefer Lebensfreude.

Diese Ordnung weist, so erfahre ich es, aber auch auf etwas noch Höheres hin. Ich möchte dies mit dem folgenden Vergleich erklären:

Wer zum Beispiel die Dinge in seinem Zimmer betrachtet, wird bald erkennen, dass alle diese Dinge sich nicht aus Zufall in seinem Zimmer befinden, sondern jedes einzelne Ding einem persönlichen Wunsch entspricht. Die Nachttischlampe existiert, weil Sie nachts lesen wollen, die Couch oder das Bett, weil Sie schlafen oder ausruhen möchten, das Glas, weil Sie vielleicht Wein lieben.

Ähnliches ist in der Natur erfahrbar. Mag sein, dass die heute sichtbare Natur durch Evolution entstanden ist, aber das spricht nicht dagegen, dass diese Evolution ihrerseits aus einem Willen hervorging, einem Willen also, der den Raum der Welt eingerichtet hat – so, wie Sie heute Ihr Zimmer. Alles, was also in der Natur ist, kann letztlich auf einen Willen zurückgehen.

Die Entstehungsgeschichte der Welt und der zauberhaften Natur, die Sie auf dem Jakobsweg jeden Tag von neuem verzaubert, ist heute für unsere Augen nicht mehr sichtbar und für unseren Verstand nur schwer nachvollziehbar. Kann deswegen aber alles nur „Zufall" sein? Ich tue mich mit dieser Vorstellung schwer. Gerade auf dem Jakobsweg überwältigt mich immer wieder eine ganz andere Erfahrung: Die Ordnung und Schönheit der Welt, die ich jeden Tag neu erleben darf, und das Gefühl, in dieser aufgehoben zu sein, vermitteln mir die innere Gewissheit, dass hinter all dem ein Wille, ein Plan steht.

Geben auch Sie Ihrem Herzen eine Chance und versuchen Sie, mit diesem „Herzen" zu erkennen, ob all das Schöne nur ein Zufall sein kann oder vielleicht doch einem Willen entspringt: dem Willen, Ihnen eine Heimat zu geben, eine Mutter, die leiblich für Sie sorgt. Lassen Sie, um für sich zu einer Klarheit in dieser Frage zu kommen, zuerst die Idee, die Evolution sei aus reinem Zufall entstanden, und dann die Vorstellung, hinter der Evolution stehe ein Wille, der alles letztlich zum Glück des Menschen entstehen lassen hat, auf sich wirken. Entscheiden Sie dann selber, welche Idee Sie glücklicher macht und mit welcher Vorstellung Sie die Natur für sich reicher erleben können.

Wenn Sie sich für letztere Variante entschieden haben, nämlich die, dass die Welt einem persönlichen Willen entsprungen ist, dann ist es jetzt vielleicht angemessen, unserem „Etwas" einen persönlichen Namen zu geben. Ich wähle hier den Namen „Gott". Gerne können Sie sich aber auch für eine andere Bezeichnung entscheiden. Im Abschnitt über die Natur wurde die Übung beschrieben, wie Sie sich die Geschenke der Natur besser bewusst machen können, indem Sie sich bei ihr dafür bedanken. Wenn Sie nun die praktischen Konsequenzen aus unserer eben vollzogenen Entdeckung Gottes ziehen wollen, dann versuchen Sie doch, dem „Gott" bzw. der „Göttin" zu danken, der/die nicht nur die Natur, sondern ja auch Ihren natürlichen Körper erschaffen hat, welcher Sie jeden Tag in erstaunlicher Ausdauer über den Weg trägt. Ein solches Danken könnte Sie glücklicher machen, und so hätte dieser Glaube an einen Gott bzw. an eine Göttin schon eine ganz konkrete Bedeutung für Ihren Lebensweg.

Nehmen wir also an, es gäbe einen Gott, der aus Liebe die Welt mit allen ihren Gesetzmäßigkeiten, und in letzter Konsequenz auch den Menschen, erschaffen hatte. O. k.! Aber offensichtlich läuft – wer weiß, warum – auf dieser Welt noch so einiges schief, und die Menschen scheinen sich nicht einig zu sein, welchen Weg man einzuschlagen habe, um gemeinsam in einer Zukunft anzukommen, in der Friede und Glück für alle Menschen möglich ist. Was also fehlt, ist so etwas wie eine „göttliche Betriebsanleitung" für den Umgang mit der Welt, mit sich selbst und den Menschen untereinander. Eine Betriebsanleitung also, die dem Menschen erklärt, wie er sich auf der Welt zu verhalten habe, um auf dieser glücklich zu werden. Drücken wir es in der Sprache des Pilgers aus und reden wir hier vorerst von einem „göttlichen Pilgerführer zum Glück", der mittels Propheten in einer hohen Auflage produziert und unter das Volk gebracht wird. Ein solches Werk gibt es bereits seit einigen Jahren. Es heißt Altes Testament und beinhaltet zum Beispiel zehn Gebote für das richtige Leben der Pilger untereinander und ihr Verhältnis zu ihrem Gott.

Das war natürlich jetzt ganz plakativ ausgedrückt. Natürlich weiß ich, dass es nicht so simpel ist und dass so eine „göttliche Betriebsanleitung" nicht einfach vom Himmel fällt. Eher könnte man vielleicht sagen, dass sich hier viele, viele kleine Schritte, die Menschen auf das zu getan haben, was sie als ihren Gott erfahren haben, zu einem Weg verdichtet haben. Durch diese „Verdichtung", oder sagen wir hier besser: diesen Pilgerweg des Glaubens sind diese Erfahrungen Wort und schließlich „Heilige Schrift" geworden. Hätte nun also die Menschheit im Prinzip das, was sie braucht?

Jeder erfahrene Pilger weiß aber, dass Papier geduldig ist und uns ein persönlicher Begleiter auf dem Weg viel mehr bringt als ein Guide aus Papier. Als Pilger auf dem Weg bin ich dieser Frage selber nachgegangen. Ich habe mich dabei besonders gefragt, welche Antwort mir gerade mein christlicher Glaube auf diese Frage gibt, die sich direkt aus meinem Pilgeralltag stellt. Sie mögen diesen meinen Glauben teilen oder nicht, lassen Sie mich aber (trotzdem) den Versuch unternehmen, auf die oben gestellte Frage eine Antwort zu geben, die sich – so meine ich – aus dem täglichen Erleben des Pilgeralltags unschwer ableiten lässt.

Erinnern Sie sich nochmals an die Quintessenz des Kapitels „Gemeinschaft üben": Nichts kann Ihnen so intensiv begegnen wie ein Mensch auf dem Weg, und nichts kann Ihnen dabei mehr über Sie selbst und Ihre Welt sagen. Der Pilger hat also mehr von einem Menschen, dem er richtig begegnen kann und der ihn vielleicht ein Stück den Weg entlangführt, als von einem Buch oder Gesetz, das doch, wenn es sich nicht mit Leben füllt, d. h. menschlich vorgelebt wird, starrer Buchstabe und tote Materie bleibt. Ein Begleiter aus Fleisch und Blut, der dem Pilger (und jedem Menschen) begegnet, ist also meine „Idee eines Gottes für Pilger" und damit auch eines Gottes für jedermann. So ein Begleiter würde das Leben selbst kennen und persönlich auf jeden einzelnen Menschen eingehen können. Wenn Gott die Welt und den Menschen also wirklich noch liebt, dann wäre es, aus der Erfahrung eines Pilgers heraus betrachtet, wohl das Beste, wenn er sich nicht allein auf das Verfassen kluger Schriften beschränken würde, die er quasi als Flugblatt von mehr oder weniger heiligen Menschen auf der Erde verteilen lässt. Er müsste vielmehr selbst „von seiner Wolke heruntersteigen" und dem Menschen persönlich in Gestalt eines Menschen auf ganz konkrete, praktische Weise auf seinem Lebensweg „unter die Arme greifen". Kein anderes Ding und kein anderes Wesen auf dieser Welt als ein Mensch ist, wie wir ja bemerkt haben, besser in der Lage, dem Menschen persönlich zu begegnen und ihm dabei mitzuteilen, wer er ist und wer er sein kann. Die Erfahrung des Pilgers ruft also geradezu nach einem persönlichen Gott, nach einem Gott, der uns auf unserem Lebensweg als Mensch begleitet und uns von Angesicht zu Angesicht gegenübersteht. Wir Menschenpilger bräuchten also dringend einen Retter, der wirklich mit uns ist. Jesus Christus wäre eine solche Antwort auf diesen Ruf des Menschen. Er wäre so ein Retter, ja vielleicht der Retter, wie er ja von der christlichen Tradition auch verstanden wird. Vielleicht ist das Unterwegssein auf dem Jakobsweg auch für Sie ein Anlass, diesem Jesus nachzugehen, entgegenzugehen oder zu folgen. Erleben Sie es, ein Stück mit dem Pilgerpatron Jakobus unterwegs zu sein und damit auch mit Jesus zu gehen, der ja der „Meister" des Jakobus ist. Gehen Sie so ein Stück gemeinsam mit allen Pilgern der Geschichte, die im Namen des Jakobus unterwegs waren und durch ihn so letztendlich die Gemeinschaft mit Christus und die Nähe zu Gott gesucht haben.

Wie kann nun Christus dem Pilger begegnen? Wie kann er auf die innersten Fragen des Pilgers eine Antwort geben und dem Pilger so selber zur Antwort werden? Zunächst würde er ihm wohl als Lehrer begegnen. Er wäre ihm dabei der vollkommene Lehrer der hier schon oft genannten Grunderfahrungen des Pilgerns, also des Wandels und des Sich-verwandeln-Lassens, der Einfachheit, Offenheit, Begegnung und Spiritualität. Auch müsste er die Kunst des Schenkens perfekt beherrschen. Christen – und auch ich bezeichne mich als solchen – glauben, dass Jesus als der „Sohn" Gottes alle diese Fähigkeiten perfekt verwirklichte. Als er vor gut 2000 Jahren im Gebiet des heutigen Israels lebte, zog er als Wanderprediger durch die Dörfer und sammelte um sich eine Gruppe von Gefährten und Gefährtinnen zur „Nachfolge" in seiner Pilgerschaft. Für ihn endete die irdische Pilgerschaft am Kreuz, wo er sein Leben als Geschenk dahingab. Er tat dies für alle, die in Unfrieden lebten. Er durchbrach dadurch für immer die Wand der menschlichen Selbstsucht und ermöglichte so ein Leben der Offenheit, das tiefe menschliche Begegnung ermöglichte. Wäre Jesus im Tod geblieben, so erschiene eine Nachfolge dem erfahrenen Pilger sicher nicht lohnend, denn warum sollte man dem Weg eines Menschen folgen, der schließlich im Verderben endet? Diesen Jesus, der sich so radikal „geöffnet" hat – hat Gott aber – so sagt es der christliche Glaube an die Auferstehung – nicht fallen gelassen, sondern wider alle „weltliche" Wahrscheinlichkeit am Leben erhalten. Dem, der sich so radikal verschenkte, gab er so letztendlich die Macht, zum immerwährenden Lebens- und Liebesbrunnen für alle zu werden.

Vielleicht können auch Sie in dieser Idee Ihre eigene Erfahrung im Pilgeralltag wiedererkennen. Diesem Jesus auf seinem Lebensweg nachzufolgen heißt nämlich, oft auch unter Mühe und Leid Schritt für Schritt durchs Leben zu gehen und dabei immer aufs Neue Offenheit, Begegnung, Wandel, Selbsthingabe, aber auch Glaube, Hoffnung und Liebe zu wagen. Durststrecken, Verletzungen, Angst und Verzweiflung bleiben dabei nicht aus, und letztlich wird auch Ihre irdische Pilgerreise mit dem Tod enden. Für den, der an Christus und seine Auferstehung glaubt, bedeuten Leid und Tod aber nur vor-läufige Stationen auf dem Weg heim zu Gott. Sie sind notwendige Durchgänge zu einem Leben in der Fülle der vollkommenen Liebe, die in der letzten Begegnung und Gemeinschaft mit Gott und dadurch mit allen Menschen liegt. Jesus steht für diese Hoffnung und ist für Christen so selber der Weg zu Gott.

Indem der Pilger tut, was Jesus Christus tat, nämlich in seinem Sinne gehen und pilgern, lebt er die Hoffnung, sich auf mystische Weise mit ihm in Verbindung zu erfahren. Eine Hoffnung, die dann oft auch zur überglücklich machenden Realität wird.

Probieren Sie es einfach aus, ob Sie Gott auf diesem eben beschriebenen Weg begegnen können. Vielleicht ist es Ihnen dabei auch hilfreich, die Bibel zur Hand zu nehmen und beim Gehen über einige Stellen nachzusinnen, in denen Jesus und seine Jünger als Menschen auf dem Weg beschrieben werden. Sie finden solche Stellen zum Beispiel bei Lukas 2,41–52; 6,1–11; 7,2–10; 7,11–16; 8,1f.; 9,51f.; 13,33; 18,35–43 und 19,1–10. Oder bei Matthäus 4; 10,7 und 10,10.

Manche Pilger begeistert besonders der Gedanke, auf das Grab eines Jüngers Jesu, und zwar auf das des hl. Jakobus, zuzugehen. Diese Art des Pilgerns oder Wallfahrens ist sehr alt und folgt der inneren Logik, dass es Plätze gibt, die wegen einer besonderen Gegenwart von „etwas" Heiligem auch den Menschen heiliger, d. h. heiler machen, der sich ihnen körperlich und vor allem geistig nähert. In der Bibel finden sich auch hierfür einige Stellen, über die Sie beim Gehen meditieren können. Lesen Sie zum Beispiel Genesis 22,1–19; Exodus 3,1–15; 1 Könige 19.

Ob sich in Santiago nun wirklich die Gebeine des heiligen Jakobus finden oder nicht, mag dahingestellt sein. Nicht wenige Pilger berichten aber, dass sich bei ihnen doch so etwas wie eine Gewissheit eingestellt hat, einen heiligen Ort erreicht zu haben, als sie dann in Santiago angekommen sind. (Näheres dazu auch unter dem Kapitel „Am Ziel".) Finden Sie also für sich selbst heraus, ob Sie dies auch so erfahren können und worin die tieferen Gründe dafür liegen. Wenn es etwa nicht unbedingt die sterblichen Überreste des heiligen Jakobus sind, die Ihnen die Überzeugung geben, Schritt für Schritt dem „Heil" entgegenzugehen, dann ist es vielleicht einfach Ihr innerer Wunsch nach dem Heil, der den Weg für Sie zu einem „Weg des Heiles" werden lässt. Sie können bei dieser Gelegenheit auch der Frage „nach-gehen", ob dieser Ort an sich schon heilig war bzw. ist oder ob er vielmehr selbst erst durch Ihren und den Weg anderer Pilger „heilig" oder „heiliger" und jedenfalls „heilbringend" wurde.

Kulturinteressierten bietet sich zusätzlich die Möglichkeit, die Spuren Gottes in den künstlerischen Glaubenszeugnissen vorangegangener Pilger zu entdecken. Als Kunst und Kunstwerk ist ihr Glaube heute in Kirchen und Museen sichtbar erfahrbar. In ihrer Vielfalt und Schönheit legen sie auch heute noch ein sichtbares und lebendiges Zeugnis für den Glauben an Gott und somit auch für die Gegenwart Gottes in der persönlichen Geschichte dieser Menschen ab.

Eine große Frage bleibt aber dennoch offen; nämlich die Frage danach, warum sich Gott anscheinend nie oder zumindest so selten direkt auf dem Jakobsweg und auch auf dem Lebensweg des Menschen zu zeigen scheint. Was bezweckt er mit diesem rätselhaften „Versteckspiel"?

Die Antwort wird wohl, genauso wie Gott selber, immer ein Geheimnis bleiben. Lassen Sie mich aber dazu eine Erzählung aus dem Lukasevangelium näher betrachten, die vielleicht einige Anregungen geben kann: Nach seiner Auferstehung zeigte sich Jesus noch einige Male in leiblicher Gestalt seinen Freunden, bevor er schließlich endgültig „in den Himmel auffuhr" und zu seinem Vater zurückkehrte. Ich will nun versuchen, eine dieser Erscheinungen des auferstandenen Jesus ganz aus der Perspektive eines Pilgers zu deuten, und zwar die Erzählung vom sogenannten „Emmausgang", die im Lukasevangelium, Kapitel 24, beginnend mit Vers 13, überliefert ist. Den Wortlaut können Sie dort nachlesen.

Die zwei Jünger Jesu, von denen hier berichtet wird, waren wohl so aufgerüttelt von den Geschehnissen der vergangenen Tage, dass sie sich, wie viele Pilger dies auch noch heute bei ähn-

lichen Gelegenheiten tun, eine „Auszeit" nahmen und eine ent-
spannende Wanderung in ein nahes Dorf, nämlich nach Emmaus,
machten. Jesus war einige Tage vorher gekreuzigt worden, und
alle Träume der beiden Männer schienen ebenso zu Grabe getragen wie der Meister selbst. Da gesellte sich ein fremder Mann zu
ihnen, und wie es sich für Pilgerbrüder gehörte, sprach man beim
Gehen über das, was einen bewegte. Der Fremde erwies sich als
guter Pilgerbruder, denn er tröstete die beiden durch seine Worte.
Am Abend aß man zusammen. Da passierte es: Sie erkannten in
ihrem Pilgerbruder ihren tot geglaubten Meister Jesus Christus,
und es „brannte ihnen das Herz". – Dann war er wieder weg.

Die Geschichte stellt dem aufmerksamen Pilger zumindest
zwei Fragen: Erstens: Warum „versteckt", oder besser warum
„verbirgt" sich Jesus in einem Pilgerbruder, und zweitens: Warum
wird er erst so spät erkannt bzw. warum lässt er sich erst so spät
erkennen? Ich glaube, dass Jesus seinen Freunden mit seinem
„Versteckspiel" eine Lehre erteilen wollte. Nämlich diese: „Passt
auf, mit wem ihr euch auf eurem Weg befindet, denn ich bin es
selbst, der schon die ganze Zeit mit euch ist und der sich durch
diesen Menschen euch zeigen und euch schenken will. Seid also
gute Pilgerbrüder füreinander und lasst mich so in euren Begegnungen lebendig und er-lebbar werden."

Natürlich zeigte sich Jesus auch noch in anderen „Verkleidun-
gen", so zum Beispiel in der eines Gärtners, der die Natur pflegt.
Für den Pilger kann diese Geschichte aber bedeuten, dass Gott
sich auf dem Pilger- und Lebensweg in besonderer Weise durch
die Liebe der Pilgerbrüder zeigen will. Nicht sehr viel später „ging
Jesus zum Vater", aber ließ seine Jünger und alle anderen Pilger
in diesem Heiligen Geist, d. h. einer in seiner Liebe verbundenen
Pilgerbruderschaft zurück.

Ich schlage Ihnen also vor, den Versuch zu unternehmen,
besonders in der Begegnung mit Ihren Pilgerbrüdern das persönliche Gesicht Gottes zu er-leben, der sich Ihnen durch Ihre
Nächsten persönlich zuwenden will. Ihrerseits können Sie aber
den anderen Pilgern durch Ihr Reden und Handeln allen Grund
geben, an die Gegenwart Gottes auf dem Jakobsweg zu glauben.

Vielleicht ist es dann genau dieser Geist zwischen den Pilgern, der auch dieses gewisse „Etwas" ausmacht. Dieser Geist macht den Jakobsweg für viele Menschen, egal welcher Weltanschauung und Religion sie nun angehören, zu diesem einmaligen „heiligen Ort" und kann die Menschen auf wunderbare Weise äußerlich und innerlich verwandeln.

Gebet

Auf dem Jakobsweg können Sie versuchen, Gott auf unterschiedliche Weise zu begegnen bzw. ihn auf unterschiedlichen Wegen zu erfahren. Die ersten beiden kennen Sie schon, es ist die Begegnung Gottes in der Natur und im Pilgerbruder. Eine weitere Methode ist die, welche man allgemein mit „Beten", also dem „Gespräch mit Gott", umschreibt. Natürlich ist es nicht so ohne weiteres möglich, mit Gott in einen Dialog zu treten, wie dies mit einem Mitmenschen der Fall ist. Beten hat aber so manches mit einem Gespräch gemeinsam und kann deshalb doch in einer gewissen Weise als ein Gespräch mit Gott bezeichnet werden. Wenn Sie auf dem Jakobsweg sind, um dort Gott zu suchen, so haben Sie bereits den ersten Schritt zum Gebet gemacht. Heißt es doch, Pilgern bedeute, „mit den Füßen zu beten". Was ist damit gemeint? In dem Moment, in dem Sie so wie Jesus aufbrechen und dem nachgehen, wer oder was Gott ist, haben Sie schon eine Frage an diesen überall gegenwärtigen Gott gestellt und so bereits einen Dialog mit ihm begonnen. Wenn Sie dann Gott, wie oben beschrieben, für die von ihm erschaffene Natur danken, haben Sie schon wieder das Wort an ihn gerichtet. Üben Sie sich nun fleißig weiter in diesem Dialog, indem Sie Fragen aufwerfen und versuchen, im Gespräch mit Pilgerbrüdern oder Geistlichen oder im Betrachten der Heiligen Schrift, den Willen und Plan Gottes besser zu verstehen. Oder versuchen Sie schließlich, im Geiste direkt das Wort an ihn zu richten und abzuwarten, was dann passiert. Manche Pilger beten, wenn sie nachts zu Bett gehen, den Tag an sich vorbeiziehen lassen und dabei versuchen, sich in allem Geschehen nochmals die Gegenwart Gottes bewusst zu machen und ihm für alles Erlebte zu danken. Auch das Mitfeiern der heiligen Messe kann für manchen Pilger ein Gottes-Erlebnis darstellen, wenn sie sich während der Feier daran erinnern, dass Jesus sich ihnen als „lebendiges Brot des Lebens" geschenkt hat und dadurch Pilgernahrung für sie und alle anderen sein will.

Sie können aber auch versuchen, direkt beim Gehen zu beten. Vorher sprach ich davon, dass der Pilger beim Gehen nach einiger Zeit in einen neuen Rhythmus eintritt, in dem sein Körper und auch sein Geist mitschwingt. Der ganze Mensch erfährt sich dabei als neue, heilere Einheit. Viele Pilger erleben es als eine große Bereicherung, in diesen Rhythmus ein Gebet hineinzunehmen. Eine einfache „Übung" oder „Einstimmung" dafür ist das Singen von bekannten religiösen Liedern aus den gängigen Gesangbüchern, oder vielleicht noch besser: das Singen von rhythmischen, sich wiederholenden Gesängen wie Chorälen oder Taizé-Liedern. Wer den Rosenkranz oder das Jesusgebet kennt und liebt oder aber kennen lernen will, der kann die Möglichkeit nutzen, diese Gebete auf dem Jakobsweg (neu) zu entdecken.

Ich hatte im vorigen Kapitel von der Möglichkeit gesprochen, in der Begegnung mit Gott eine Quelle der Selbsterfahrung zu finden. Viele Pilger nutzen die Wegerfahrung auf dem Jakobsweg dazu, auch im Geiste auf ihren bisherigen Lebensweg zu schauen und darin das Wirken und den Willen Gottes, ihres sie liebenden Schöpfers, zu erkennen. Sie üben sich darin, das Wort Gottes, das an verschiedenen Stationen ihres Lebens einmal mehr und einmal weniger sichtbar wurde, bewusster zu erkennen und daraus Konsequenzen für ihr weiteres Leben zu ziehen. Eine große Herausforderung, die viel geistiger Erfahrung und Übung bedarf und bei der eventuell die Hilfe eines Begleiters von Nutzen sein kann.

Sicher waren diese Überlegungen über die verschiedenen Möglichkeiten, Gott auf dem Jakobsweg zu erfahren, längst nicht alles, was man über dieses Thema sagen könnte. Es war ein erster bescheidener Versuch, der noch viele Fragen offenlässt und auch viele Fragen offenlassen soll, denen Sie auf Ihrem Weg nun selber „nach-gehen" können. Ich ermutige Sie deshalb nochmals, den Weg selber für sich zu er-leben und mir dann, wenn Sie wollen, Ihre eigenen, einzigartigen und unersetzlichen Erfahrungen mitzuteilen. Ich werde diese dann mit Ihrer Erlaubnis im Internet veröffentlichen und in Erwägung ziehen, bei einer Neuauflage dieses Buches dieses Kapitel um Ihre Erfahrungen zu bereichern.

Pilgerstäbe, Pilgermuscheln und Kaffeeduft

2. Kapitel

Gute Begleiter und falsche Helfer

Armut und Reichtum auf dem Jakobsweg

Über das Thema „Was nehme ich mit auf den Weg" lässt sich trefflich streiten, und jeder kennt wohl das Kinderspiel, in dem die Frage gestellt wird, welche drei Dinge man auf eine einsame Insel mitnehmen würde, wenn man nun die Wahl hätte. An der Antwort des Kindes können Sie nicht nur erkennen, wie intelligent und entwickelt es ist, sondern auch, wie es „tickt".

Dieses Spiel hat viele Parallelen zu Ihrem Rucksack. Daran, was ein Pilger auf dem Weg mit sich herumschleppt, können Sie schon viel davon erkennen, wie er sein Leben auf dem Weg wahrnimmt und was er sich von diesem erwartet. Gleiches gilt aber auch für die Dinge, mit denen er sich auf seinem Weg umgibt, und die Menschen, von denen er sich begleiten und helfen lässt. Welchen Helfer wir uns auswählen, sagt viel darüber aus, welche Hilfe wir uns von ihm versprechen, und verrät so letztlich auch ein Stück weit, welches Ziel wir auf dem Weg verfolgen.

Das „erste Gebot" beim Packen des Rucksacks lautet: Wählen Sie bewusst aus, was Sie in Ihren sichtbaren und unsichtbaren Rucksack packen, den Sie mit auf den Weg nehmen. Da jeder Teil, jedes Gramm, das Sie mit sich tragen, Ihnen den Rucksack und damit das Leben auf dem Weg komplizierter und im wahrsten Sinne des Wortes schwerer macht, lautet das „zweite Gebot", dass die Dinge, die Sie mitnehmen, möglichst wenige und leichte Dinge sein sollen. Wie zu Beginn beschrieben, ist Pilgern aber von Natur aus auf Einfachheit ausgerichtet, d. h. die Dinge sollen es erlauben, den Weg besser zu erleben, sie dürfen nicht die Sicht auf diesen verstellen und Sie nicht durch die Beschäftigung mit ihnen vom Weg ablenken. Um zu entscheiden, welche Dinge und Helfer in diesem Sinne wertvoll oder aber nutzlos sind, bedarf es einer reifen Portion an

Kenntnis über sich selbst und über die Dinge und vor allem großer Erfahrung im Umgang mit diesen Dingen. Oft hilft auch nur
ein Ausprobieren im Sinne von „trial and error" und „learning by
doing". Da jeder Pilger ein ihm eigenes Verhältnis zu den verschiedenen hier erwähnten Sachen hat, kann ich hier nur versuchen,
einige Gedanken über mögliche Dinge und mögliche Helfer für Sie
zu Papier zu bringen und von meinen Erfahrungen (und den Erfahrungen anderer Pilger) mit diesen Gegenständen zu berichten.

Ohne dass Sie es vielleicht gemerkt haben, sind wir bereits
bei dem Thema der „Tugend von Armut und Bescheidenheit"
angekommen, einer persönlichen Einstellung, die fast in allen
Religionen als Schlüssel zu einem spirituellen Leben gilt. Das
Faszinierende an der Lebensschule des Jakobsweges ist, dass Le-
benseinstellungen wie diese, welche anderenorts oft mit einem
seltsamen Geruch einer irgendwie abgehobenen Weisheitslehre
abgesondert werden, auf dem Jakobsweg sehr unmittelbar gelebt
und zu tiefen Erfahrungen werden können. Was Armut und Reichtum eigentlich sind, das lässt sich wohl letztendlich nur schwer in
Worte fassen: Wenn Armut „nichts oder wenig haben" bedeutet,
dann wäre ein armer Pilger vielleicht gerade „reich", weil er offener
für das Leben auf dem Weg ist und so reich an Er-lebnissen werden kann. Wer ist also wirklich „arm" und „reich"? Diese Spitzfin-
digkeiten seien den Philosophen überlassen. Ich aber möchte hier
auf die praktischen Fragen zurückkommen, die uns das Leben auf
dem Weg täglich stellt. Und diese lauten wohl ganz schlicht:

Welche Dinge und Helfer bringen uns unserem persönlichen
Ziel näher, d. h. machen uns glücklich, erfüllt, zufriedener ... und
welche nicht? Und wie müssen wir mit ihnen umgehen, damit sie
uns auf unserem persönlichen Weg weiterbringen?

Geld

Wie viel Geld soll ein Pilger mit auf den Weg nehmen? Diese
Frage ist so alt wie die Idee der Pilgerreise überhaupt. In den ersten Pilgerregeln war davon die Rede, dass Jakobspilger eine Ta-

sche ohne Verschluss mit auf den Weg nehmen sollen, wodurch symbolisch zum Ausdruck gebracht wurde, dass Pilger genauso schnell geben wie nehmen sollen. Wieso? Sie erinnern sich, dass Pilgern ja etwas mit Einfachheit, Danken und Schenken zu tun hat. Wie einfach ein Leben ist, das hat sicher auch etwas damit zu tun, von wie viel Geld man Gebrauch macht, um seine täglichen Ziele zu erreichen. Viele heilige und spirituelle Lehrmeister aus den verschiedensten Religionen wählten deshalb bewusst die Armut, um sich so der wesentlichen Werte des Lebens bewusster zu werden. Geld ist zwar, realistisch betrachtet, die einzige allgemein marktwirtschaftlich anerkannte Methode, eine fremde Leistung zu honorieren. Wie wir aber bereits festgestellt haben, kann und soll man als Pilger neben dem „Handeln" vor allem das „Danken" als Kommunikationsmittel zum anderen hin einüben. Was bedeutet das eben Gesagte nun konkret für den Jakobsweg?

Essen hält Leib und Seele zusammen, also sollten Sie es sich in kulinarischer Hinsicht auf dem Jakobsweg gut gehen lassen. Speisen Sie, wenn Sie sich nicht bewusst entschlossen haben zu fasten, also gut und reichlich und am besten in fröhlicher Pilgerrunde. Ob es notwendig ist, dafür viel Geld auszugeben, ist damit aber noch längst nicht gesagt. Wenn Sie sich in den großen Städten Spaniens ein Menü in einem wirklich guten Restaurant mit Spezialitäten der Region gönnen wollen, so werden Sie wahrscheinlich dafür einen Betrag ausgeben, für die ein armer Pilger gut und gerne einen ganzen Tag auf dem Weg leben kann. Wenn Sie Pech haben, wird Sie dann keiner Ihrer Pilgerbrüder mit in Ihr teures Restaurant begleiten und Sie werden alleine und mit der Miene eines Verstoßenen Ihre Suppe auslöffeln, während in der Pilgerherberge eine einfache, aber sehr gesellige Party mit einem selbstgekochten Eintopf abgeht. Sie werden dann, zurück in der Herberge, unschwer erkennen, dass Ihr Reichtum Sie heute eigentlich arm und vielleicht auch unglücklich gemacht hat.

Natürlich habe ich hier eben sehr schwarz-weiß gezeichnet. Sicher können Sie auch mit Ihren Pilgerfreunden in einem netten und auch einigermaßen preisgünstigen Restaurant speisen, und wenn Sie sich zum Beispiel in der Herberge bereit erklären, eine Runde guten Wein zu „schmeißen", wird Sie das auch etwas kosten. Auch wenn Sie in den billigen großen Herbergen keine Ruhe finden und in einer einfachen ruhigen privaten Herberge die einzigartige Atmosphäre eines schlichten galicischen Landhauses im keltischen Stil genießen wollen, wird sich dies auch im Preis bemerkbar machen. Entscheidend ist es also wohl nicht, wie viel Geld Sie auf dem Jakobsweg sparen oder ausgeben, sondern dass Sie Ihr Geld dort so ausgeben, dass es Ihnen und auch Ihren Mitmenschen möglichst viel Freude bereitet und Sie es deshalb mit ganzem Herzen tun können. Machen Sie doch den Jakobsweg zum Anlass, Ihre Einstellung zum Geld zu überdenken und eventuell auch zu ändern. Geld ist eine moderne Form des Gebens und des Nehmens bzw. des Dankens und des Schenkens. Wenn Sie meinen, genug davon zu haben, dann üben Sie sich doch darin, Großzügigkeit zu leben und auch andere Menschen damit glücklich zu machen. Verschenken Sie eine Summe Ihrer Wahl an einen Pilger, der sich darüber freuen kann, oder spenden Sie einer Pilgerherberge, die so aussieht, als hätte diese eine Renovierung nötig, einen größeren Betrag.

Vergessen Sie nicht, dass kaufen nichts anderes ist als ein Mittel, also ein Weg, um ein Ziel zu erreichen. Im vorhergegangenen Teil war davon die Rede, wie wichtig es ist, Ziel und Mittel zu unterscheiden. Für den Jakobsweg heißt das, dass Sie hier lernen können, zu er-leben, dass Geld wirklich nicht mehr, aber auch nicht weniger als eben ein Mittel zur Erreichung eines bestimmten Zwecks ist. Geld soll also auch auf dem Jakobsweg nicht der Herr des Pilgers sein, sondern genau umgekehrt. Lassen Sie sich also vom Geld nicht in der Form beherrschen, dass Sie sich bei allen Zielen, die Sie auf dem Jakobsweg erreichen wollen, auf dessen Hilfe verlassen, denn das hieße eigentlich, sich den Jakobsweg letztlich erkaufen zu wollen. Andererseits sollten Sie sich aber auch nicht zu sehr vom Mangel an Geld diktieren lassen, wie Sie auf dem Weg zu leben haben. Wenn Sie so früher oder später merken, dass Sie auf dem Jakobsweg doch mehr Geld benötigen, als Sie gehofft haben, so entscheiden Sie, ob Sie sich angesichts dieses großen Anlasses, auf diesem wundervollen

Weg zu sein, sich selbst einmal ein besonderes Geschenk machen wollen und mehr Geld ausgeben oder aber die Zeit auf dem Weg etwas abkürzen, um sich diesen so ohne Sorgen leisten zu können. Es gibt sicher kein sicheres Rezept dafür, wie viel Geld dem Jakobsweg guttut und wie viel diesem schadet, aber auf dem Jakobsweg können Sie vielleicht ein Rezept dafür suchen, wie Sie in Zukunft mit Ihrem Geld umgehen wollen, damit dieses Sie später auch im alltäglichen Leben glücklicher macht.

Handy

Wenn Sie sich entscheiden, ein Handy mit auf den Weg zu nehmen, können Sie theoretisch zu jeder Zeit mit jedem, der telefonisch erreichbar ist, kommunizieren. Ob das Leben auf dem Jakobsweg für Sie dadurch einfacher und reicher wird, ist damit aber nicht unbedingt gesagt. Auch wer ein modernes leichtes Handy mit auf den Weg nimmt, hat seinen Alltag damit um mindestens drei praktische Probleme komplizierter gemacht: 1. Ihr Rucksack wird geringfügig schwerer und Sie haben ein Ding mehr, für das Sie dort einen richtigen Platz suchen müssen. 2. Ab jetzt müssen Sie 24 Stunden am Tag auf ein Ding mehr aufpassen, um zu vermeiden, dass es gestohlen oder vergessen wird. 3. Sie müssen sich ständig entscheiden, ob Sie es nun ein- oder ausgeschaltet lassen, und haben sich von jetzt an auch noch Gedanken darüber zu machen, wo und wie Sie es wieder aufladen, ohne dass es dabei abhanden kommt.

All dies sind nur die praktischen Probleme, die Sie mit sich herumschleppen, wenn Sie ein Handy mit sich auf den Weg nehmen, die Probleme, die hier viel mehr interessieren, sind aber anders gelagert: Jeden Moment kann das Handy, das Sie wahrscheinlich in Ihrem Rucksack tragen werden, losgehen. Nicht selten aber genau dann, wenn Sie sich gerade an einem stillen Ort auf einem spirituellen Höhenflug befinden, der damit sogleich beendet ist. Sie werden dann sofort anhalten und es hektisch in Ihrem Rucksack suchen. Ein kurzes teures Gespräch wird Sie dann wahrscheinlich sehr unvollständig darüber aufklären, was zu Hause so läuft, und danach werden Sie wohl mindestens eine halbe Stunde benötigen, um Ihre Gedanken an zu Hause zu vergessen und innerlich wieder einigermaßen auf den Weg zurückzukehren. Sie werden das Handy letztlich wahrscheinlich immer angeschaltet lassen, um es ja nicht zu verpassen, wann der nächste Anruf oder die nächste SMS kommt, die Sie darüber informiert, wie die Sache zu Hause, deren Interesse für Sie nun geweckt wurde, weiterlief. Sie warten und hoffen, auf dem Laufenden zu bleiben und keinen Anruf von irgendjemandem zu versäumen, der irgendetwas von Ihnen will. Wenn dann kein Anruf kommt, werden Sie vielleicht nervös und rufen vielleicht sogar selber zu Hause an …

Sicherlich ist es weder möglich noch erstrebenswert, für mehrere Wochen auf dem Jakobsweg „verschollen" zu sein und seine Lieben zu Hause darüber im Ungewissen zu lassen, wie es einem geht und wo man sich in etwa aufhält. Es besteht aber die Gefahr, dass man sich als Pilger durch die ständige Anwesenheit eines Handys sehr schwer tut, wirklich innerlich auf dem Jakobsweg „anzukommen" und sich voll auf diesen einzulassen. Der heiße Draht nach Hause kann verhindern, dass man sich wirklich vom Alltag „abnabelt" und so letztlich wieder alles, was man auf dem Weg erlebt, aus der Perspektive seines Alltagsdenkens sieht und bewertet. Wer seine täglichen Erfahrungen am Abend nicht mit seinen Pilgerbrüdern oder seinem Tagebuch, sondern mit seinem Partner oder Freund zu Hause bespricht, wird den Pilgeralltag immer als etwas Exotisches erfahren und sich nie ganz auf diesen einlassen können. Er ist mit den Füßen auf dem Weg, aber mit dem Kopf am Telefonhörer und damit eigentlich zu Hause.

Um eine gute Telefonlösung für sich und Ihre Zuhausegebliebenen zu finden, wird es notwendig sein, sich erst selber darüber bewusst zu werden, was Sie vom Weg erwarten und welche Rolle ein Handy dabei spielen kann. Versuchen Sie sich auch darüber klar zu werden, ob es für Sie und Ihre Angehörigen unbedingt notwendig oder wünschenswert ist, ständig in einem engen telefonischen Kontakt zu stehen, oder ob Sie nicht ganz im Gegenteil den Jakobsweg zum Anlass nehmen wollen, den

Versuch zu unternehmen, sich in so etwas wie einer geistigen oder telepathischen Nähe zu üben. Ein guter Kompromiss ist zum Beispiel, das Handy täglich einmal kurz einzuschalten, um per SMS sehr dringende Mitteilungen abzulesen oder Jhrerseits kurz mitzuteilen, dass es Ihnen gut geht und wo Sie sind. Darüber hinaus könnten Sie ca. zweimal pro Woche ein genaues Zeitfenster vereinbaren, in dem Sie dann mit Ihren Angehörigen telefonieren, um einige Minuten zu plaudern. Ihr Handy ist ein technisch hoch entwickelter Kommunikationsweg, der Sie in Lichtgeschwindigkeit zurück zu sich nach Hause und damit auch weg vom Jakobsweg führen kann. Überlegen Sie daher genau, ob bzw. wie Sie diese Kommunikationsmittel einsetzen wollen.

Internet und E-Mail

Das Internet vollbringt das heute fast schon selbstverständliche Wunder, identische Information auf jedem beliebigen Bildschirm anzuzeigen. Loggen Sie sich also auf irgendeinem Computer im dreiundzwanzigsten Internetcafé in einer beliebigen Stadt auf dem Jakobsweg ein und geben Sie dort die gewünschte Internetadresse ein, und Sie werden sich auf dem Bildschirm wie zu Hause fühlen. Zugegebenermaßen ein erstaunliches Phänomen. Gewiss ist eine Begegnung des Pilgers mit dem Internet nicht rundum zu verteufeln: Sie können zum Beispiel die virtuelle Welt des Computers mit der Welt des Jakobswegs vergleichen und daraus sehr interessante Schlüsse ziehen. Wenn Sie aber auf dem Jakobsweg den Wandel, die Einfachheit, Spiritualität und die Ferne suchen, ist das Internet sicher nicht der Ort dazu. Ganz im Gegenteil. Das Internet katapultiert Sie virtuell in Ihren Alltag zurück. Hier können Sie stundenlang Ihre dienstlichen E-Mails abarbeiten und neueste Entwicklungen einsehen. Auch werden Sie viele lieb gemeinte Nachrichten von Freunden finden, die aber einen ähnlichen Effekt haben wie die ständigen Anrufe von zu Hause. Wenn Sie lernen wollen, effektiv mit der Datenschwemme der modernen Informationsgesellschaft umzugehen, so haben Sie nun die Möglichkeit dazu. Sicher gibt es auch hier keine allgemeinen Rezepte dafür, wie Sie Ihr Verhältnis zum Computer auf dem Jakobsweg zu regeln haben. Wer nicht möchte, dass sein E-Mail-Postfach über eine gewisse Zeitspanne hinweg einfach unbetreut bleibt, kann zum Beispiel automatische Rückantworten wie die folgende erstellen: „Ich befinde mich derzeit im Urlaub (auf dem Jakobsweg) und schicke viele Grüße von dort. Ich bitte um Verständnis, dass ich bis zum 24. September grundsätzlich nur solche E-Mails beantworte, die einen wichtigen unaufschiebbaren Termin beinhalten und nicht von meiner Vertretung beantwortet werden können." Bei den meisten Browsern lässt sich so eine Funktion einrichten.

Uhr

Auf dem Jakobsweg werden Sie nicht wenige Pilger treffen, die bewusst auf das Tragen einer Uhr verzichten. Ähnlich wie die zu Anfang erwähnte Momo wollen sie versuchen, dadurch die Dimension der Zeit anders zu ergründen. Sicherlich ist eine Uhr recht praktisch, wenn Sie die Öffnungszeiten einer Kirche oder eines Museums nicht verpassen, eine Verabredung einhalten oder nicht Gefahr laufen wollen, aus der Herberge ausgesperrt zu werden, weil Sie aus lauter Nachtschwärmerei die Sperrstunde übersehen haben.

Welche Rolle kann aber eine Uhr dabei spielen, wenn Sie auf dem Jakobsweg mit den Dimensionen Zeit und Raum experimentieren und dabei schließlich einen neuen eigenen Rhythmus für Körper, Geist und Seele finden wollen? Eine Uhr kann Ihnen bei diesem Vorhaben wahrscheinlich nicht viel helfen, es sei denn, Sie gebrauchen sie, um zu vergleichen, wie sehr Ihre persönliche Erfahrung der Zeit von der angezeigten Zeit auf dem Zifferblatt dieser seltsamen mechanischen Zeitmessmaschine abweicht. Auf dem Jakobsweg besteht aber, von einigen Ausnahmen abgesehen, kein Grund, sich von seiner Uhr terrorisieren zu lassen. Sollten Sie dennoch versucht sein, Ihrer Uhr eine ungehörige Aufmerksamkeit zu schenken, so empfehle ich Ihnen, diese zum Beispiel in einer Seitentasche Ihres Rucksacks zu verstauen und nur dann hervorzuholen, wenn Sie sich bewusst dazu entschlossen haben, die Uhr um ihre Hilfe zu bemühen. In dem Maße, in dem Sie aber lernen, auf Ihre eigene innere Uhr zu hören und die Zeichen der Natur richtig zu deuten, wird es immer weniger notwendig sein, sich ihrer Dienste zu bedienen. Haben Sie den Mut, sich nicht von außen einen Zeitrhythmus diktieren zu lassen, sondern leben Sie den Zeitrhythmus, den Ihnen Ihr Körper und Ihr Geist und Ihre Vorlieben vorgeben. Wenn Ihnen Ihre Uhr dabei dienlich sein kann, dann können Sie diese natürlich „zur Hand nehmen", wenn nicht, dann wundern Sie sich einfach darüber, wie „falsch" diese auf dem Jakobsweg eigentlich geht, und weisen Sie ihr einen dementsprechenden unwichtigen Platz in Ihrem Pilgerleben zu.

MP3-Player

Als Pilger auf dem Jakobsweg können Sie einen neuen Rhythmus des Alltags, Ihres Körpers und auch Ihres Geistes er-leben. Ebenso wie eine Uhr ist auch eine moderne superleichte „Musikmaschine" dazu in der Lage, Ihnen einen Rhythmus vorzugeben. Ein MP3-Player kann Ihnen dabei behilflich sein, den Lärm einer großen Stadt zu übertönen und sich beim Musikhören zu beruhigen, zu stimulieren oder in verschiedenste andere Stimmungslagen zu versetzen. Gewiss ist dies nichts Verwerfliches, denn Musik kann Ihnen auch neue spirituelle Dimensionen erschließen. Die Berieselung mit Musik auf dem Jakobsweg hat aber, wie alles, eine Kehrseite: Wenn Sie ständig einer fremden Melodie lauschen, kann es unter Umständen passieren, dass Sie die Musik der Natur überhören, es nicht bemerken, dass auch im fremden Land hier und da neue Klänge vernehmbar sind, oder Sie werden es eventuell sogar überhaupt nicht wahrnehmen, wie in der Stille eine ganz eigene Melodie aus Ihrem Innersten hochsteigt und zu Musik wird. Wenn Sie wollen, können Sie sich ja auch selber durch Singen oder Pfeifen unterhalten oder zusammen mit anderen Pilgern ein Lied anstimmen.

Ein MP3-Player kann also Ihre Begegnung mit dem Weg fördern, ihr aber auch „im Wege stehen". Wählen Sie auch hier bewusst aus, ob bzw. wie viel und welche Musik Sie mit auf den Weg nehmen wollen, und entscheiden Sie später ebenso bewusst, wie oft, wann, wo und wie lang Sie von dieser Musik auf dem Weg Gebrauch machen wollen.

Bücher

Wie den Sebastian in der „Unendlichen Geschichte", so kann Sie ein Buch in eine andere Welt (ent)führen und Ihnen neue Welten erschließen. Sicherlich können also Bücher einen Beitrag dazu leisten, den Jakobsweg besser zu er-leben. Die Gretchenfrage dabei ist nur die, wie ein Buch dazu beitragen kann und wann ganz im Gegenteil die Gefahr besteht, dass das Buch gewollt oder ungewollt genau das Gegenteil bewirkt.

Auch ein kritischer Mensch neigt erst einmal dazu, viel davon zu glauben, was er „schwarz auf weiß" auf Papier geschrieben sieht. Wer also an das falsche Buch gerät, kann sich mit diesem sehr schnell auf „den falschen Weg" begeben, ohne dies gleich zu merken. Es gibt genug Jakobswegbücher, die, wenn man sie nicht richtig zu lesen versteht, die Sicht des Jakobsweges eher einschränken, als dass sie sie erweitern.

Wer zum Beispiel einen Reisebericht liest und bewusst oder unbewusst die Hoffnung hegt, gleiche oder ähnliche Erfahrungen wie der Autor zu machen, der „läuft Gefahr", seinen eigenen Jakobsweg später unter dem Vorurteil zu gehen, der Jakobsweg sei genau so, wie ihn der Autor des Tagebuches erlebt hat. Es kann dann sein, dass er sich durch dieses Vorurteil wichtigen eigenen Erfahrungen verschließt und ständig den Erfahrungen des Autors nachjagt.

Bildbände zeigen den Jakobsweg meist im besten oder fotografisch verfremdeten Licht und wecken so beim Betrachter

Erwartungen, welche in der Realität nie erfüllt werden können und deshalb Enttäuschungen vorprogrammieren.

Wer sich in das Studium eines Kulturführers vertiefen kann, dem ist es dadurch vielleicht möglich, die Dimension der Geschichte des Weges besser zu erschließen. Er kann sich dabei, wenn es „dumm läuft", in der Geschichte aber auch so verlieren, dass der Jakobsweg für ihn letztlich zu einer rein kulturhistorischen Reise entartet, bei welcher der Blick für die lebendige Gegenwart immer mehr verloren geht.

Spirituelle Führer, die den Pilger auf dem engen Weg einer offenkundigen oder versteckten Ideologie nach Santiago führen wollen, sind dann besonders gefährlich, wenn sie genau das Gegenteil zu tun vorgeben. Sie können solche Führer m. E. sehr gut daran erkennen, dass diese Bücher teilweise recht obskure spirituelle Übungen anpreisen, als wären es einfache Kochrezepte, ohne dabei jedoch deren Sinn vorher ausführlich offenzulegen und dem Leser dadurch die Möglichkeit zu geben, das, was er in der Übung später tun soll, vorher auch zu verstehen und so kritisch beurteilen zu können. Grundsätzlich nicht schlecht, aber doch mit Vorsicht zu genießen sind spirituelle Bändchen, welche den Pilger anhand von Gedichten und anderer wohlklingender Lyrik emotional einstimmen oder aber einlullen. Auch hier sollte dem Leser die Möglichkeit gegeben werden, das, was der Autor da so munter in Reime und Poesie verpackt, auch noch irgendwie mit wachem Geist zu durchleuchten und so gegebenenfalls eine kritische Distanz dazu einzunehmen.

Ganz im Gegensatz zu dem oben Beschriebenen besteht in unserer durch den Intellektualismus geprägten westlichen Welt aber auch die Gefahr, dass beim Leser die Illusion entsteht, alle Probleme seien abstrakt und auf geistiger Ebene zu lösen. Ein Buch, das vorgibt, die Spiritualität des Weges erschöpfend abzuhandeln, ist da ein gefundenes Fressen für einen gehfaulen Bücherwurm, der nach dem Zuklappen eines solchen Handbuches dann irrtümlicherweise annimmt, später groß mitreden zu können, wenn im schlauen Zirkel das neue Modethema „Jakobsweg" zur Diskussion steht.

Wie bei allen Dingen, die Sie auf dem Jakobsweg begleiten können, gilt also auch bei Büchern, dass sie nicht grundsätzlich gut oder schlecht sind. Es liegt immer an Ihnen, selber eine für Sie richtige Auswahl zu treffen und dann auch mit den Dingen so kritisch umzugehen, dass sie zu einem Gewinn für Ihren Weg werden.

Ich will versuchen, Ihnen mit diesem Buch die Augen für den Weg zu öffnen, und hoffe, dass Sie nach der Lektüre nicht weniger, sondern mehr Fragen an Ihren Weg haben werden als vorher. Ich hoffe ganz in diesem Sinne, dass Sie sich beim Lesen meiner Ausführungen „voll genommen fühlen" und verstehen, dass es in diesem Buch nicht darum geht, Ihnen den Jakobsweg mundgerecht in kleinen Happen einzufüttern, sondern Ihre Neugierde und Ihren Hunger auf diesen zu wecken. Sollten Sie der Meinung sein, dass ich hierbei einen Fehler gemacht habe, dann teilen Sie es mir mit und ich werde in Erwägung ziehen, Ihre Kritik in die nächste Auflage des Buches einzuarbeiten oder sie auf meiner Seite im Internet zu veröffentlichen.

Tagebuch

Sie gehören am Abend zum Bild jeder Pilgerherberge. Man findet sie im Aufenthaltsraum, in Schlafsaal und vor der Herberge im Gras sitzend: Pilger, die in ihren Tagebüchern schreiben. Nicht wenige nehmen den Jakobsweg zum Anlass, zum ersten Mal im Leben Stift und Zettel zur Hand zu nehmen und das am Tag Erlebte zu Papier zu bringen. Wenn man sie darauf anspricht, warum sie dies tun, bekommt man meist Folgendes zu hören: „Was man schreibt, das bleibt."

Der Jakobsweg ist so voll von schönen Dingen und Erlebnissen, dass es vielen Pilgern ein Anliegen ist, diese nicht einfach verpuffen zu lassen, sondern irgendwie zu bewahren. Ähnlich wie beim Danken wird sich mancher Pilger erst beim Schreiben richtig bewusst, was er während des Tages an Wertvollem und Schönem, aber auch an Schwierigem und Lehrreichem erfahren hat. Wer schreiben will, muss zuerst einen „Gedanken fassen", den er dann in „Worte kleidet" und so auf „Papier bringt". Schreiben ist also eine Methode, ein Weg, um sich die eigenen Gedanken nochmals geordnet zu vergegenwärtigen. Oft wird es erst so möglich, sie weiterzuentwickeln und gegebenenfalls zu einem „schlüssigen" Ende zu führen. Eine unbestimmte Ahnung kann dadurch immer mehr zu einer Gewissheit werden, Flüchtiges kann so eingeordnet und bewahrt werden. Wie alles auf den Jakobsweg Mitgenommene birgt auch ein Tagebuch Gefahren in sich. Wer Erlebtes mittels seines Tagebuchs zu sehr „festschreiben" will, riskiert dabei, sich neuen Erfahrungen und persönlichem Wandel zu verschließen. Was meine ich damit? Ein Pilger, der die Redensart „Was man schreibt, das bleibt" in dem Sinne versteht, dass er von einmal gemachten Erkenntnissen nicht mehr abrücken will und das einmal Aufgeschriebene als endgültige Regel begreift, benutzt sein Tagebuch im Sinne eines starren Gesetzbuches, das ihm dann selber die Freiheit für neue Erfahrungen raubt. Bei anderen Pilgern entsteht dagegen der Eindruck, sie fassen ihr Tagebuch wie einen Marschbericht ab, in dem sie sich genaue Rechenschaft über ihr stramm durchgezogenes Tagespensum ablegen.

Auch für das Verfassen eines Tagebuches sind daher unsere „Gebote" des Pilgerns wichtig. Besonders gilt dies für die Bereitschaft, sich immer wieder neu wandeln zu lassen, um den eigenen Weg nicht festzuschreiben, und den Pilgergrundsatz der Einfachheit, damit die Wegnotizen nicht zu einer wenig hilfreichen „Erfolgsbilanz" ausarten. Versuchen Sie dafür sensibel zu werden, was Sie beim Schreiben – wenn Sie denn schreiben wollen – im Sinne der Grundsätze des Pilgerns weiterbringt und was nicht.

Fotokamera

Eine Kamera hat Wesentliches mit einem Tagebuch gemeinsam: Sie können versuchen, damit Erlebtes „einzufangen" und „festzuhalten". Da der spirituelle Wert einer Sache freilich an sich „unsichtbar" ist, wird es Ihnen aber vermutlich nicht so ohne weiteres gelingen, eben diesen spirituellen Gehalt eines Gegenstandes oder eines Erlebnisses „auf Papier zu bannen", wie Ihnen dies mit Ihren eigenen Worten in einem Tagebuch gelingen wird. Auch kann Ihnen allein schon der Besitz einer teuren oder schweren Kamera auf dem Weg sehr ähnliche praktische Sorgen bereiten wie zum Beispiel auch der Besitz eines Handys.

Für einen angemessenen und fruchtbringenden Gebrauch der Kamera auf dem Jakobsweg ist es nötig, sich die Möglichkeiten, aber auch die Grenzen eines solchen Geräts bewusst zu machen und daraus die richtigen Konsequenzen zu ziehen. Durch den Sucher der Kamera können Sie nur einen kleinen Ausschnitt der Welt erkennen. Dies gilt im praktischen wie auch im spirituellen Sinne. Die Sicht der Kamera hat somit etwas Wesentliches mit der normalen Wahrnehmung des Menschen gemeinsam – sie ist mehr oder weniger eingeschränkt. Wer „sich ein richtiges Bild von etwas machen will", sollte also lernen, sich den richtigen Ausschnitt zu suchen und sein Objektiv richtig einzustellen. Eventuell sind auch mehrere Fotos notwendig. Wichtig ist aber vor allem, später noch zu wissen, dass es sich bei jedem eigenen Bild dennoch nur um einen Ausschnitt des Ganzen handelt.

Es ist offensichtlich, dass sich zum Fotografieren zuvörderst schöne Landschaften oder Gebäude anbieten. Versuchen Sie aber doch darüber hinaus auch Bilder von Dingen und Situationen zu machen, die erst auf den zweiten – vielleicht spirituellen – Blick ein Motiv für Sie hergeben: eine Herberge, in der Sie nette Leute getroffen haben, ein Pilger, der sich wie ein Wesen aus einer anderen Welt durch die grauen Vorstädte quält. Ein zerbrochener Pilgerstab oder ein landschaftlich absolut uninteressanter Wegabschnitt, bei dem Ihnen aber eine besondere Erkenntnis oder Empfindung zuteil wurde. Vielleicht können Sie durch den Sucher Ihrer Kamera sogar lernen, die Welt noch bewusster wahrzunehmen und zu erkennen. Probieren Sie doch, sich zu den einzelnen Bildern, die Sie auf dem Weg machen, auch so etwas wie spirituelle Bildnotizen aufzuzeichnen. Sie können solche Notizen auch in Ihrem Tagebuch aufschreiben. Vielleicht wird es Ihnen dann zu Hause leichter gelingen, sich den spirituellen Inhalt des Bildes und damit auch die damit verbundenen Erfahrungen bildlicher in Erinnerung zu rufen.

Auto und Bus

Die in der Bibel aufgezählten Transportmittel reichen von Pferden und Eseln zu Schiffen, von Schlachtwägen bis zu einem Wal. Sagen und Märchen nennen Schnecken, Kraniche, Schildkröten, Delphine und Drachen. In keiner der Geschichten, seien sie nun wahr oder erfunden, ist die Wahl des „Verkehrsmittels" ein Zufall. Die Art der Fortbewegung bietet vielmehr jeweils den Schlüssel zu einem besonderen Erlebnis.

Fast jeder Pilger, der auf dem Jakobsweg unterwegs ist, wird zumindest zweimal einen Bus, ein Auto oder den Zug benutzen. Nämlich bei der Anreise zum Jakobsweg und danach bei der Heimreise. Auch auf dem Weg selbst kann es vorkommen, dass Sie (für bestimmte Abschnitte) auf eines dieser Verkehrsmittel zurückgreifen müssen oder wollen. Allerdings kann jeder Kilometer, den Sie nicht selber zu Fuß gehen, Sie unter Umständen recht schnell aus Ihrem einmal gefundenen Pilgerrhythmus herausreißen. Oft verlieren Sie dadurch auch liebgewonnene Pilgerbrüder aus den Augen. Es kann für Sie so etwas wie eine Erfahrungslücke, gleichsam ein „Loch" im Jakobsweg entstehen. Wer sich einen Teil des Weges „ersparen" will, weil dieser Teil zu unangenehm oder zu langweilig erscheint, hat wohl nicht verstanden, dass gerade auch diese Strecken eine ganz besondere Erfahrung bieten können. Wenn Sie sich wegen schlechten Wetters oder Krankheit entschließen, sich ein Stück fahren zu lassen, werden Sie nach kurzer Zeit, in der nächsten Herberge angekommen, bald wieder vor demselben Problem stehen. So haben Sie eigentlich nicht viel gewonnen.

Der Gebrauch von Bus und Auto scheint nur dann zweckmäßig zu sein, wenn aus widrigen Umständen keine andere Möglichkeit besteht, gesund und unbeschadet in die nächste Herberge zu kommen, oder andere zwingende Rahmenbedingungen wie zum Beispiel eine feste Reservierung, ein unausweichlich einzuhaltender Zeitplan oder der Wunsch, eine Gruppe von Pilgern auf dem Weg nicht zu verlieren, dies notwendig machen. Machen Sie sich aber auch hier nichts vor: Es gibt bei genauer Prüfung gerade als individuell reisender Pilger meist weniger zwingende Gründe, ein Transportmittel zu bemühen, als wir gewöhnlich denken. Wenn Sie krank sind, können Sie auch zwei oder drei Tage in einer Herberge oder einem Hotel verbringen, und wenn Sie sich nicht gerade in einem biblisch hohen Alter befinden, haben Sie die Möglichkeit, den Weg für dieses Jahr auch vor Santiago zu beenden und ihn später wieder fortzusetzen.

Bei der Heimreise kann man sich übrigens überlegen, ob man ein Stück mit dem Bus oder dem Auto parallel zum Jakobsweg zurücklegen will. Die Strecke in die „verkehrte Richtung" abzufahren und dabei die entgegenkommenden Pilger zu beobachten, kann ein sehr interessantes Erlebnis sein. Sie können Ihren Jakobsweg so gut noch einmal Revue passieren lassen.

Fahrrad

Ein Fahrrad ist ein einfaches Verkehrsmittel und zugleich ein Sportgerät. Sicherlich ist die Fortbewegung auf dem Rad langsamer und weniger automatisiert als die in einem Auto. Auch ein Rad ist aber eigentlich eine Maschine, die zwischen dem Pilger und dem Weg steht und so einen ursprünglichen spirituellen Kontakt zwischen Mensch und Weg erschweren kann. Wenn es bergauf geht, wird der Radpilger wegen der großen Anstrengung die Landschaft unter Umständen weniger genießen können; fährt er bergab, ist besondere Vorsicht geboten, um nicht zu stürzen. Vögel, Grillen oder das Rauschen des Windes wird ein Radpilger bei dem Fahrgeräusch der Reifen nur selten zu hören bekommen und eine wirklich tiefgreifende Meditation oder Unterhaltung mit den Pilgerbrüdern während der Fahrt kann auch sehr schnell im Graben enden.

Dennoch scheint das Rad auch auf dem Jakobsweg in bestimmten Situationen das Mittel der Wahl zu sein. Wer wegen eines chronischen Fußleidens nicht in der Lage ist, den Weg gehenderweise zu bewältigen, oder wer den Weg auf diese Weise einmal kurz wiedersehen und erinnern will, kann auch einmal das Rad wählen. Auch zeitliche Probleme stellen unter Umständen ein berechtigtes Argument dar, wobei man den Jakobsweg wie oben beschrieben auch auf zwei Urlaube verteilen oder schlicht an einem späteren Ort beginnen kann. Manche Pilger versuchen im Radsport eine körperliche Betätigung zu sehen, in der sie, wie im Kapitel „Den eigenen Körper spüren" bereits beschrieben wurde, eine Grenzerfahrung und damit auch Spiritualität suchen.

Ich selbst habe beim Radfahren auf dem Jakobsweg nur mäßige spirituelle Erfahrungen gemacht und konnte bisher auch kaum einen Jakobspilger kennen lernen, der mir überzeugend vom Gegenteil berichtete. Freilich kann ich mich da aber auch irren. Wenn Sie meinen, auf diese Weise den Jakobsweg entdecken zu wollen – nun denn, dann treten Sie in die Pedale!

Herbergen, Pensionen, Hotels und Klöster

Wenn Sie die Weite und Stille der Meseta auf sich wirken lassen oder in den wunderbaren, durch Rosettenfenster beleuchteten Raum der Kathedrale von León eintauchen, werden Sie spüren, dass Spiritualität und Raum untrennbar miteinander verbunden sind. Auch wo Sie Ihre Ruhestätte auf dem Weg suchen, kann also kein Zufall bleiben, wenn Sie wirklich Spiritualität suchen.

Was für manche vielleicht auf den ersten Blick wie ein reines pragmatisches Mittel zum Zweck einer Übernachtung anmutet, gewinnt doch für viele Pilger bei näherer Kenntnis immer mehr die Gestalt eines zentralen Herzstücks des Jakobswegs, das fast schon ein Synonym für das Leben auf dem Jakobsweg selber ist. Es lohnt sich wirklich, Pilgerherbergen bewusst zu er-leben: Sie können sich hier nach einem langen Tag „auf den Beinen" reinigen, pflegen, zu sich kommen und, wenn Sie Ihr Tagebuch schreiben, das Erlebte noch einmal auf Ihrem Stockbett liegend an sich vorbeiziehen lassen. Hier haben Sie die Möglichkeit, Menschen zu begegnen und bei einem gemütlichen Mahl gemeinsam Ihrem Körper und Ihrem Geist neue Kräfte zuzuführen. In einer Herberge, die die Spiritualität des Jakobsweges wirklich in ihren Mauern trägt, wird es Ihnen möglich sein, die Kultur der Einfachheit des Pilgerweges zu atmen und vielleicht sogar ein bisschen die Gegenwart Ihrer Pilgerbrüder aus den vergangenen Zeiten zu erspüren, die hier auch schon ihr Haupt niedergelegt haben.

Wählen Sie also Ihre Pilgerherberge mit der gebührenden Sorgfalt aus, wenn sich Ihnen dazu die Möglichkeit bietet. Wichtig ist für viele Pilger, dass es dort einen Herbergsvater oder eine Herbergsmutter gibt, die nicht nur kurz vorbeikommen, um ihr Geld einzusammeln und ihnen einen Stempel in den Pilgerausweis zu drücken, sondern ihnen das Gefühl geben, jeweils in einem kleinen Zuhause angekommen zu sein, in dem das Glück des Pilgers ein echtes Anliegen ist.

In vielen großen Herbergen haben Sie die Möglichkeit, billig zu übernachten und viele Menschen kennen zu lernen. Oft geht dies aber auch auf Kosten der persönlichen Atmosphäre und Ruhe, die Sie jedoch manchmal auch brauchen, um ein Augenmerk auf Ihr spirituelles Leben zu legen. Wägen Sie also ab, ob es sich wirklich lohnt, wegen ein paar Euros mehr einen halben Tag an einem Ort zu verbringen, an dem Sie vielleicht Ihren Schlafsack, nicht aber Ihre Seele ausbreiten können. Das Geld, das Sie für eine bessere Herberge ausgeben, kann nicht nur Ihnen, sondern auch den um Sie bemühten Herbergseltern eine kleine Freude bereiten.

Gleiches gilt auch für Pensionen und Hotels. Sicher werden Sie dort Einfachheit und Gemeinschaft meist nicht in derselben Weise erleben wie in billigen oder besseren Pilgerherbergen. Wesentlich ist aber auch dort, dass Sie das finden, was Sie brauchen, um am nächsten Tag wieder gestärkt den Weg neu beginnen zu können. Treffen Sie also eine bewusste Wahl, wo der richtige Platz für Sie ist, ohne sich dabei von der Entscheidung anderer zu sehr beeinflussen zu lassen. Versuchen Sie aber auch in diesem Fall, den Pilgergrundsatz der Offenheit zu verwirklichen und vielleicht einige Male etwas auszuprobieren, was Sie bisher noch nicht kennen. Auch hier können Sie Überraschungen erleben, die Sie vorher nicht für möglich gehalten hätten.

Auch eine Unterbringung in Klöstern, religiösen Gemeinschaften oder kirchlichen Herbergen hat ganz etwas Eigenes. Hier ist manchmal ein besonderer „Geist" zwischen den Mauern und viel mehr noch zwischen den Menschen spürbar, der Geist einer besonderen religiösen Berufung, eines spirituellen Aufbruchs. Die meist christlich geprägten Gemeinschaften, die den Pilgern auf ihrem Weg Unterkunft bieten, sehen ihren Dienst als Dienst im Sinne der christlichen Nächstenliebe und können so nicht selten auch eine besondere Gotteserfahrung vermitteln. Oft werden in diesen Häusern bzw. deren Umkreis auch heilige Messen gefeiert. Andachten oder der Pilgersegen werden angeboten. Manchmal ist auch eine intensivere persönliche spirituelle Betreuung möglich. Näheres finden Sie im Anhang und im folgenden Kapitel.

Spiritueller Begleiter

So wertvoll die Möglichkeit auch erscheinen mag, auf dem Weg die Dienste eines persönlichen spirituellen Begleiters in Anspruch zu nehmen – sie stößt doch von Anfang an schnell auf die praktische Grenze, dass dieser dann eigentlich den ganzen Weg mit Ihnen gehen müsste, um Ihnen dort beistehen zu können und auch zu wissen, wovon Sie reden. Neben dem begleitenden Lesen von spiritueller Literatur gibt es aber noch einige weitere Möglichkeiten, spirituellen Rat für den Jakobsweg einzuholen: Sie können sich durch Gespräche mit einem Geistlichen oder einem erfahrenen Pilger auf Ihre Jakobswegerfahrungen vorbereiten. Auch werden von verschiedenen Stellen Kurse zur Vorbereitung auf den Jakobsweg angeboten. In einigen Klöstern auf dem Weg finden Sie die Möglichkeit, ein geistliches Gespräch mit einem geeigneten Partner zu führen, und manche dieser Klöster bieten darüber hinaus sogar an, ein paar Tage dort zu verbringen, um zusammen mit einem Begleiter oder in einer begleiteten Gruppe

intensiv spirituelle Themen zu behandeln. Nicht wenige kirch-
lich geführte Herbergen werden von einem örtlichen Priester geleitet oder arbeiten eng mit ihm zusammen. Diese Priester sind
generell offen für geistliche Beratung, verfügen aber leider selten
über wirklich gute Fremdsprachenkenntnisse.

Auch zu Hause haben Sie natürlich die Möglichkeit, den Kontakt zu einem Geistlichen zu suchen, um Ihre Wegerfahrungen
zu reflektieren. Leider kann heute noch nicht von einem wirklich
ausreichenden Netz gesprochen werden, was die spirituelle Betreuung auf den Wegen angeht. Verschiedene Stellen (und auch
ich) bemühen sich derzeit um eine Verbesserung. Einige mehr
oder weniger offizielle Adressen finden Sie im Anhang.

Eine gute Methode, in den Genuss einer regelmäßigen persönlichen spirituellen Begleitung auf dem Weg zu kommen,
stellen organisierte Reisen von Kirchengemeinden oder anderen
Reiseveranstaltern dar, von denen gleich im Anschluss die Rede
sein wird. Besonders gilt dies dann, wenn an der Leitung der Pil-
gergruppe neben dem üblichen Team auch noch ein geistlicher
Begleiter beteiligt ist, der es versteht, den Geist des Weges für
die Gruppe und dabei auch für jeden Einzelnen zu erschließen.
Dies ist aber freilich keine einfache Aufgabe, denn er muss sich
dabei auf jeden Teilnehmer möglichst individuell und persönlich
einlassen.

Eines muss dem Ratsuchenden jedoch dabei immer bewusst
sein: Nicht sein spiritueller Begleiter ist für sein geistiges Leben
verantwortlich, sondern letztlich immer nur er selbst. Der spirituelle Begleiter kann lediglich versuchen, Anregungen zu geben
und Fragen zu beantworten, welche ihm vorher gestellt wurden.
Er kann dem Pilger dabei dienlich sein, ein bestimmtes Anliegen
zu verfolgen, er kann ihn aber nicht „im spirituellen Huckepack"
über den Jakobsweg tragen. Machen Sie bei einer persönlichen
spirituellen Schieflage also zunächst sich selber verantwortlich,
bevor Sie sich an das Werk machen, die Schuld bei Ihrem Helfer
zu suchen. Dieser muss meist neben Ihren Ansprüchen noch den
Ansprüchen zahlreicher anderer Pilger genügen und ist auch nur
ein Mensch, mit persönlichen Schwächen und Grenzen.

Reiseveranstalter

Wenn Sie mit einer Reisegruppe auf dem Jakobsweg unterwegs sind, kann Ihnen dadurch die Türe zu so manchem versteckten Kirchlein geöffnet werden, das Sie sonst wohl kaum entdeckt hätten bzw. in das Sie sonst nicht hineingekommen wären. Jedoch wird Sie dort vielleicht der verächtliche Blick eines Pilgers treffen, der die Einsamkeit und Stille genießen wollte, welcher Ihre Gruppe nun ein jähes Ende bereitet.

Für viele Pilger sind Reiseveranstalter fast schon so etwas wie persönliche Schutzengel, die es ihnen ermöglichen, den Weg auf eine entspannte oder für sie überhaupt erst bewältigbare Weise zu erleben und spirituell voll auszukosten. Für andere sind Reiseveranstalter und die dazugehörigen sogenannten „Buspilger" der Inbegriff alles Verderblichen. An wenigen Dingen auf dem Weg scheiden sich die Geister so sehr wie an Reisegruppen. An ihnen wird auch die Kommerzialisierung des Weges sehr deutlich sichtbar, die – das dürfte wohl außer Zweifel stehen – eben nicht nur Segen, sondern mindestens ebenso viele Gefahren für den Weg mit sich bringt.

Was die Frage der kommerziellen Reiseveranstalter angeht, tun Sie, wenn Sie sich um Ihr eigenes spirituelles Seelenleben sorgen wollen, zunächst einmal gut daran, sich als Erstes über deren mögliche persönliche Bedeutung für Sie selbst Gedanken zu machen und nicht über deren eventuellen Nutzen oder Schaden für andere Pilger. Sicher geben Sie, wenn Sie mit einer kommerziellen Reisegruppe reisen, damit einige persönliche Freiheiten auf und werden wohl den Pilgergrundsatz der Einfachheit meist anders zu verwirklichen versuchen als ein Einzelpilger. Von Reiseveranstaltern werden Sie zum Beispiel in den verschiedensten Situationen bedient und brauchen scheinbar fast nur noch das zu tun, was Ihnen ein anderer nicht abnehmen kann, nämlich zu gehen. Wenn Sie glauben, dass Ihnen genau das den Rücken für eine entspannte Jakobswegerfahrung freihalten kann, dann sind Sie mit einem kommerziellen Reiseunternehmen „auf dem richtigen Weg". Der Kampf um das letzte Bett in der Herberge, geht nämlich nicht selten zu Ungunsten der Ehrlichen, Alten und Gehschwachen aus. Ist dieser Kampf dann schließlich gewonnen, so bedeutet dies noch lang nicht, dass Sie in der Herberge, aber einen wirklichen Platz der Ruhe gefunden haben. All dies macht den Jakobsweg nicht für jedermann ohne weiteres zu einem spirituellen Erlebnis und legt alternative Lösungen nahe.

Auch kommerzielle Reiseanbieter des Jakobsweges können also geeignete Helfer auf dem Jakobsweg sein, weshalb ich gerne auch selber als Reiseleiter für verschiedene Reiseunternehmen tätig bin.

Halten Sie, wenn Sie sich für diese Form des Pilgerns entschlossen haben, bei der Auswahl des Reiseunternehmens die Augen offen und überprüfen Sie die Angebote der jeweiligen Reiseanbieter auch konsequent auf deren spirituelle Anliegen hin. Überlegen Sie dabei auch sorgfältig, wie viel Selbständigkeit bzw. Hilfe Sie wirklich benötigen, um Ihre persönlichen Ziele auf dem Weg zu verfolgen. Wenn Sie dann gebucht haben, tun Sie meist weiterhin gut daran, nicht zu vergessen, dass Sie mit der Abgabe des Überweisungsformulars am Bankschalter und mit dem Einladen Ihres Koffers in das Begleitfahrzeug nicht die Verantwortung für Ihren ganz persönlichen inneren spirituellen Weg abgeben können. Sollten Sie diese Hoffnung hegen, könnte der Weg für Sie später mit einer herben Enttäuschung enden. Versuchen Sie lieber, auch dann, wenn es sich um eine kommerzielle Veranstaltung handelt, so viel Verantwortung zu übernehmen, wie Ihnen möglich ist. Sie haben dann ähnlich gute Voraussetzungen, den Weg in allen seinen Möglichkeiten zu „er-leben", wie ein anderer Pilger auch. Vielleicht erfahren Sie die Reisegruppe dabei dann als so etwas wie eine Heimat in der Ferne.

Drogen

Auf das Thema „Drogen auf dem Jakobsweg" angesprochen, verzieht mancher altgedienter Pilger sein braun gebranntes Gesicht sogleich zu einem leichten Grinsen und gibt unumwunden zu, dass der Weg für ihn selber bereits zu einer Droge geworden sei. Mit jedem Mal, dass er auf ihn zurückkehrt, erhöhe sich seine Abhängigkeit. Wenn der Jakobsweg auch selbst für viele schon fast zu einem Suchtmittel geworden ist, das ihn das alltägliche Leben zu Hause manchmal immer leerer und ärmer erscheinen lässt, so sind Drogen wie Marihuana dennoch auch auf dem Jakobsweg ein Thema und sollen deshalb kurz zur Sprache kommen.

Es ist sicher schwer, friedlichen Kiffern ihren abendlichen Joint ausreden zu wollen, wenn eine laute Horde von Pilgern sich zur gleichen Zeit ungestört in einem nahegelegenen Restaurant den Wein in rauen Mengen schmecken lässt und später in der Herberge den Schlafsaal unsicher macht. Die persönliche Gefährdung, welche durch Alkohol entstehen kann, ist sicher nicht zu unterschätzen, und es überrascht nicht, wenn der eine oder andere Pilger, nachdem er sich auf dem Jakobsweg über Wochen an den abendlichen Genuss von Wein gewöhnt hat, dann zu Hause überrascht feststellt, dass er ohne diese Gewohnheit nur noch schwer einschlafen kann.

Der Genuss von Alkohol gehört sicher ein Stück weit zur Kultur Europas – es fragt sich nur, ob diese Art der Kultur wirklich nur eine gute Kultur ist. Sicher gibt es kein Rezept, um zweifelsfrei zu unterscheiden, wann man Alkohol oder Marihuana quasi als ein Geschenk von Mutter Natur genießt und wann diese Gifte anfangen, den Menschen gefangen zu nehmen und seinen Blick zu vernebeln.

Vielleicht ist gerade der Jakobsweg ein guter Ort, sein Verhältnis zum persönlichen Drogenkonsum bewusster zu erleben und auch zu überdenken. Vermitteln Spirituosen, wie ihr Name sagen will, wirklich Spiritualität oder nur einen kurzen Anflug davon, den Sie dann am nächsten Tag mit einem Kater oder zumindest mit einer schlechteren Kondition bezahlen müssen? Kann man eine gemeinsame Feierlaune nur dadurch erreichen, dass man sich auf ein gemeinsames Niveau „hinuntersäuft", oder ist die gemeinsame Wegerfahrung und die Hälfte der üblichen Menge Alkohol nicht auch schon genug, wenn man sein Glas Wein dabei einfach bewusster trinkt?

Wer von der Idee beseelt ist, auf dem Jakobsweg mit verbotenen exotischen Drogen experimentieren zu wollen, der sollte dabei eventuell bedenken, dass viel dafür spricht, gerade als Pilger die Sitten und damit auch die (Drogen-)Gesetze der Gastkultur zu achten. Der Umgang mit Drogen ist vielleicht mit einem reizvollen, aber auch gefährlichen Weg entlang eines Abgrunds zu vergleichen. Aus Sicht der Pilgererfahrung betrachtet leuchtet es aber bildlich gesprochen nicht zwingend ein, warum man sich allein auf einem Pfad an einem Abgrund vorbeihangeln solle, der um einiges unbekannter und enger ist als ein solcher Pfad, von dem man bereits durch die Erfahrung zahlloser „vorher-gegangener" Generationen wenigstens etwas besser darüber Bescheid weiß, wo bestimmte Gefahren zu erwarten sind und wie diese genauer einzuschätzen und zu bekämpfen sind.

Pilgerbrüder und Pilgerschwestern

Dass ein Pilgerbruder oder eine Pilgerschwester wohl mit Abstand das Wertvollste ist, was Ihnen auf dem Weg begegnen kann, davon war schon unter dem Kapitel „Gemeinschaft" die Rede. Hier soll nun davon gesprochen werden, wie Sie Ihren Pilgerbrüdern begegnen können, damit es für Sie und für diese zu einem größtmöglichen „Gewinn" werden kann, und wie Sie dabei herausfinden können, welcher Pilgerbruder für Sie für welche Art von Pilgerfreundschaft „wie gerufen kommt" und welcher für eine andere Art der Pilgerfreundschaft.

Grundsätzlich kann man auf dem Jakobsweg wohl nicht davon sprechen, dass es gute und schlechte, liebe und böse, falsche und echte Pilger gibt. Jeder Einzelne hat seine Schwächen und Stärken, kann Ihnen deshalb etwas von dem mitteilen, wie er den Weg und das Leben sieht, und ist so in der Lage, Ihr Leben zu bereichern. Oft können dabei gerade solche Menschen, die uns am meisten aufregen, gute Lehrer für uns sein. Diese führen uns nämlich ärgerlicherweise vor Augen, dass es möglich ist, ganz anders im Leben zu stehen als man selber und dabei doch auch glücklich und gut zu sein. Wer ein sehr unreifes Bild von der Welt und sich selbst hat, kann sich dann durch solche Menschen leicht irritiert fühlen und reagiert dann vielleicht mit verärgerter Abwehr. Er hofft dann, dadurch, dass er den anderen zum Beispiel abwertet, diesen „Fall" schnell ad acta legen zu können, um sich dann ebenso schnell wieder auf sein altes, aber meist sehr beschränktes Selbst- und Weltbild zurückzuziehen. Wenn Sie aber auf solche Menschen zugehen und versuchen, diese zu verstehen, können Sie vielleicht gerade durch sie lernen, die Welt aus einer anderen Sicht zu begreifen. So wird Ihr Weltbild vielseitiger und reifer. Wenn Sie also zum Beispiel in einer Herberge abends keine Ruhe finden, weil einige Spanier dort bis spät in die Nacht feiern, dann ärgern Sie sich nicht, sondern versuchen Sie, so gut es geht, mit diesen zu feiern und so die (Leit-) Kultur besser zu verstehen, in der Sie gerade zu Gast sind. Ist es Ihnen gelungen, einen andern Lebensstil einmal zu verstehen oder sogar ein Stück weit mit-zu-er-leben, so werden Sie immer weniger an Pilgern Anstoß nehmen, die nicht Ihren Lebensstil pflegen, und diese Menschen sogar immer mehr als Bereicherung erfahren.

Was heißt dies also für die Suche eines geeigneten Weggefährten? Es ist ratsam, bei der Auswahl der Menschen, mit denen Sie sich auf dem Weg abgeben, nicht zu selektiv vorzugehen. Versuchen Sie sich nicht von Vorurteilen leiten zu lassen, deren Sie sich vielleicht noch gar nicht richtig bewusst sind. Jeder Mensch kann Ihnen etwas Wichtiges mitteilen. Dennoch aber eignet sich nicht jeder Pilgerbruder auch als besonders enger Begleiter für Sie. Wie erkennen Sie nun aber den richtigen Begleiter für sich und wie sollte das Verhältnis zu diesem aussehen, damit beide etwas davon haben?

Oft scheint es Zufall zu sein, an welchen Pilgerbruder man gerät. Seltsamerweise aber „geht es oft so aus", dass man auch mit denselben Pilgern gemeinsam in Santiago ankommt, die man schon im Flugzeug oder im Bus auf dem Weg zum Jakobsweg oder dann gleich am ersten Tag auf dem Weg kennen gelernt hat. Es stellt sich dann häufig nicht mehr die Frage, mit wem man am besten gehen sollte, sondern eher die, warum man wohl gerade durch „Zufall" an diesen oder jenen Begleiter geraten ist. Da man sich später vielleicht aus Gewohnheit oder aber aus dem Glauben an Vorsehung nicht mehr von diesem trennen kann oder will, besteht die alltägliche Übung eher darin, sich zu fragen, wie man es nun am besten mit seinem Partner bis nach Santiago aushält.

Egal wie eine Weggemeinschaft zustande gekommen ist und wie lange sie schon andauert, sie kann zu einer großen Bereicherung, aber auch zu einer schweren Belastung auf dem Weg werden. Die Pilgertagebücher sind voll mit Klagen über Pilgerbrüder, deren Begleitung eher als Hinderungsgrund erlebt wird, die vielseitigen Möglichkeiten des Weges tiefer zu erleben. Auch bei der Auswahl des richtigen Weggefährten gelten ja die Grundsätze des Jakobsweges: Gehen, Wandel, Offenheit, Einfachheit, Begegnung und Spiritualität. Wo diese Grundsätze in einer Weggemeinschaft nicht verwirklicht werden können oder durch die Gemeinschaft das Leben dieser „Gebote" blockiert wird, „läuft etwas schief". Kann man langfristig nichts daran ändern, wird man wohl irgendwann „auseinander-gehen" müssen, um sich nicht selbst einer angemessenen Jakobswegerfahrung zu berauben. Ein Pilgerbruder, der Ihr Staunen über die Natur ständig mit einem gelangweilten „Ist doch nichts Besonderes" quittiert und über alles und jeden motzt, der nicht in sein enges Weltbild passt, kann kaum als Gewinn für Ihr spirituelles Leben bezeichnet werden und ist wohl erst dann ein Segen für Sie, wenn er mindestens 10 km vor oder hinter Ihnen geht.

Was ist also bei der Auswahl des richtigen Partners zu beachten? Was das Kriterium des Gehens angeht, so ist es auf lange Sicht „un-umgehbar", dass Sie einem ähnlichen innern Gehrhythmus folgen oder zumindest dazu bereit und in der Lage sind, sich auf den Rhythmus des anderen einzulassen. Was die Haltungen der Offenheit, des Wandels und der Begegnung angeht, kann eine Beziehung auf dem Weg wohl umso besser gelingen, je mehr Sie und Ihr Partner bereit sind, gegenüber einander offen zu sein, sich auf eine echte Begegnung mit dem anderen einzulassen und sich durch diese auch persönlich wandeln zu lassen. Was die Einfachheit betrifft, so sind komplizierte Beziehungen oder solche, in denen ständig auf einem komplizierten oder intellektuellen Niveau kommuniziert wird, langfristig eher selten die erste Wahl. Auch die Art und Weise, wie die Spiritualität des Weges wahrgenommen wird, spielt eine Rolle. Diese sollte entweder ähnlich oder von gegenseitigem Interesse sein.

Den oder die Begleiterin „Ihrer Träume", die allen Ihren Vorstellungen entspricht, werden Sie genauso wie im richtigen Leben auch auf dem Weg nur mit sehr viel Glück finden. Sollten Sie aber deshalb trotzdem nicht ständig alleine weiterlaufen wollen, dann können Sie gleich jetzt den Pilgergrundsatz der Offenheit praktisch einüben und versuchen, die bestmöglichen Kompromisse bei der Auswahl Ihres Partners einzugehen.

Sollten Sie später aber immer mehr das Gefühl gewinnen, dass Ihnen die Gemeinschaft mit Ihren Wegbegleitern zu viel Kompromisse abverlangt oder Sie anscheinend nicht (mehr) zum inneren Ziel Ihrer Pilgerreise führt, dann versuchen Sie es vielleicht gelegentlich mit einem größeren Abstand oder auch mit einer befristeten Trennung. Wenn Sie glauben, auch damit langfristig nicht glücklich zu werden, wird es Ihnen wohl nicht erspart bleiben, einen Weg zu finden, Ihrem treuen Begleiter schonend beizubringen, dass Sie ihn hier nun leider verlassen müssen, da Sie Ihr innerer Weg nun vorerst wieder in die Einsamkeit weist. Konnten Sie sich schließlich dazu aufraffen, wird Ihr Begleiter dies wahrscheinlich sogar besser verstehen, als Sie befürchtet haben. Denn wenn er Ihnen wirklich begegnet ist und Sie schätzt, dann wird er es vermutlich bereits geahnt haben und Ihnen nun auch bereitwillig Ihre lebenswichtige Freiheit zurückgeben. Wenn Sie wollen und es Ihnen angebracht erscheint, können Sie Ihre Dankbarkeit für seine bisherige Begleitung ja auch durch ein kleines Abschiedsgeschenk oder ein selbstgekochtes Abendessen zum Ausdruck bringen. Vergessen Sie dabei aber nicht, Ihre Adressen und Telefonnummer auszutauschen, denn vielleicht wird Ihnen kurze Zeit später der Wert dieses Menschen erst richtig bewusst. Es kann auch sein, dass Sie – wieder in Ihrer Einsamkeit angekommen – erkennen, dass das Problem, das Sie in der Beziehung zu ihm vermutet hatten, eigentlich doch bei Ihnen selbst lag.

Bergpass mit Wegkreuz „Cruz de Ferro"

3. Kapitel

Den inneren Weg verstehen

Den Weg der Verwandlung gehen

Wenn Sie zusammen mit Freunden später das Fotoalbum Ihrer Pilgerreise nach Santiago betrachten, werden Sie vieles erkennen, das Sie an den Weg erinnert: leichte und schwere Wegabschnitte, Städte, Pilgerherbergen, liebgewordene Menschen, Fotos, die versuchen, besondere Ereignisse auf dem Weg einzufangen; und schließlich vielleicht auch ein Foto, das Sie glücklich, erleichtert oder auch traurig vor der Kathedrale von Santiago zeigt. Eventuell kann man auf den hoffentlich scharfen und gut belichteten Bildern erkennen, dass mit der Zeit Ihre Hautfarbe immer brauner wird und auch Ihr Körperumfang sich änderte. Vielleicht bemerkt man auch das langsame Wachsen eines Pilgerbartes in Ihrem Gesicht oder kann beobachten, dass sich Ihre Gesichtszüge mit jedem Tag etwas aufhellen, entspannen oder regelrecht verwandeln.

Auf dem Jakobsweg findet, wenn man ihn richtig zu gehen weiß, ein innerer und äußerer Wandel statt. Wer in Santiago oder auf Kap Finisterre ankommt, ist zwar immer noch die gleiche Person, die da einmal in der Heimat aufgebrochen ist. Dennoch ist er aber ein neuer Mensch geworden, der sich geistig und körperlich verwandelt hat.

„Man sieht nur mit dem Herzen gut – das Wesentliche ist für die Augen unsichtbar", hatte einmal der kleine Prinz in dem berühmten Roman von Antoine de Saint-Exupéry gesagt. Die Fotos, die Sie Ihren Freunden zu Hause zeigen werden, sind so gesehen nur die Hülle von dem, was Sie innerlich auf dem Jakobsweg erlebt haben. Wenn Sie ein Bild betrachten, das Sie und einige Pilgerfreunde freudig vereint an ein und demselben Ort zeigt, so kann es doch sein, dass sich jeder von Ihnen in diesem Moment eigentlich auf einer ganz anderen Station seines per-

sönlichen inneren Jakobsweges befand. Der innere Jakobsweg
eines jeden Pilgers ist und bleibt ein Mysterium für jeden Weggefährten und auch für den Pilger selbst. Für diesen inneren Weg
gibt es letztlich keinen verlässlichen Kompass und ebenso keinen maßgefertigten praktischen Führer. Man befindet sich auch
hier auf Steilstücken, Durststrecken, durchquert wichtige Stät-
ten und Traumlandschaften, macht Umwege oder verirrt sich.
Sucht nach einem Begleiter oder Ortskundigen oder muss sogar
scheinbar eine große Strecke zurückgehen oder bleibt in Nacht
und Nebel stecken. Man quält sich Schritt für Schritt voran oder
hat gelegentlich auch das Gefühl, förmlich zu fliegen.

Weil der innere Jakobsweg bei jedem Menschen anders ver-
läuft, fällt es hier sehr schwer, von Stationen oder Schritten zu
sprechen. Ich will es aber trotzdem versuchen, um Ihnen einige
Anregungen zu geben. Die Phasen des Pilgerns, die im Folgenden
genannt werden, müssen aber keinesfalls mit Ihren Erfahrungen
übereinstimmen. Sie sind lediglich Stationen, die ich bei meinen
Pilgerreisen schemenhaft erkennen konnte und von denen mir
auch andere Pilger berichteten. Sollten Sie noch andere erleben,
so können Sie mir diese gerne mitteilen und ich werde in Erwägung ziehen, diese in einer der nächsten Auflagen dieses Buches
zu veröffentlichen.

Der Traum vom Pilgern

Ein berühmter Mann, es muss wohl ein Pilger gewesen sein,
brachte es einmal etwa so auf den Punkt: „Nicht der ist arm,
welcher es nie vermochte, seine Träume wahr werden zu lassen,
sondern derjenige, welcher noch nie Träume hatte." Egal, wie Sie
Ihren Weg auf den Jakobsweg gefunden haben, der Ausgangs-
punkt war wohl eine Hoffnung, ein Wunsch, eine Vision, ein
Traum. Nicht die Dinge selbst sind es ja, die in uns den Wunsch
erwecken, sie zu besitzen, ihnen nahe zu sein oder sie zu erleben,
sondern unsere Vorstellungen von diesen. Unsere Vorstellungen,
die Hoffnungen, die wir in sie setzen, rufen Träume in uns wach,

die es fertigbringen, dass wir zum Beispiel bis ans „Ende der Welt" reisen oder aber dass wir Jahre in die Ausbildung unseres Traumberufes investieren. Ein ganzer Industriezweig lebt von dieser Tatsache – nämlich die Werbebranche. Bevor aber jemand beginnt, sich auf geschickte Weise Ihrer Träume zu bemächtigen und für sich zu Geld zu machen, nehmen Sie doch Ihre Träume selbst in die Hand!

Der kleine Sebastian aus dem Märchen „Die unendliche Geschichte" von Michael Ende setzt sich in einen abgelegenen Dachspeicher und vergräbt sich dort in ein Buch, um aus der Welt zu fliehen. Er beginnt zu träumen und staunt schließlich nicht schlecht, als sein Alltag und seine Traumwelt plötzlich miteinander in Verbindung treten. Er lernt, dass er für seine Träume verantwortlich ist, und beginnt schließlich seine Welt durch seine Träume zu verändern.

Der Jakobsweg zieht wohl deshalb so viele Menschen in seinen Bann, weil er geradezu dazu geschaffen scheint, die Menschen zum Träumen zu bringen. Verantwortlich dafür ist aber keine aufwendige Werbestrategie, sondern, so behaupte ich, der innere Instinkt unserer Seele selbst, der erkennt, dass die Seele hier einen besonderen, oder sagen wir, heiligen Ort für ihr Leben und Wachsen finden kann. Wie ganz am Anfang des Buches schon erwähnt, entsinnt sich unser Unbewusstes ja an unsere ersten selbständigen Schritte und erinnert sich auch genauso gut daran, wie viel eben diese ersten Schritte für das eigene soziale, geistige und spirituelle Wachsen und somit für das persönliche Lebensglück bedeuteten. Schon aus der Ferne betrachtet, scheinen wir also zu ahnen, dass das Leben auf dem Jakobsweg nicht nur vielen unserer innersten Träume entspricht, sondern diese auch ein Stück weit zur Realität werden lassen kann.

Der eigentliche Zweck von Träumen kann es ja letztendlich nicht sein, uns aus der realen Welt zu verabschieden, sondern dass wir diese Welt sozusagen in unsere „Traumlandschaft" verwandeln. Wirklichkeit und Traum sind keine Gegensätze. Es ist nicht nur ein Fakt, also ein Teil der Realität, dass wir träumen, sondern unsere Träume gestalten die Realität auch.

Was bedeutet dies nun für Ihren Jakobsweg? Für viele Menschen, die zum Beispiel behindert sind oder aufgrund beruflicher oder familiärer Bindungen über wenig Freizeit und Geld verfügen, kann der Jakobsweg nur ein Traum bleiben. Sie nehmen dann jeden Film auf, der über den Weg im Fernsehen läuft, lesen jedes Buch, das neu auf den Markt kommt, entwickeln sich dadurch zu wahren Jakobswegexperten oder fangen sogar an, über den Weg zu dichten. Weil sie sich leidenschaftlich mit dem Jakobsweg beschäftigen, beginnen sie, ein großes Stück von seinem Geheimnis zu verstehen, ohne je einen Fuß auf ihn gesetzt zu haben. Sie werden zu Pilgern ohne Pilgerausweis und sind eigentlich schon oft in Santiago und Finisterre „angekommen", ohne dass sie je dort gesehen wurden oder in einer Pilgerstatistik auftauchen.

Der Camino ruft die Pilger auf die unterschiedlichsten Arten und Weisen auf den Weg. Sei es nun der Glanz in den Augen eines Freundes, der begeistert vom Weg zurückgekehrt ist, sei es der Wunsch, Gott an einem heiligen Ort ein bisschen näher zu sein, sei es die Idee, schier unendlich weit zu Fuß zu gehen, um aus dem Alltag zu fliehen und der Sonne in ihrem Lauf zu folgen. Zwischen dem Zeitpunkt, da der Traum in einem Menschen aufsteigt, und dem ersten Schritt, den er auf dem Jakobsweg tut, können manchmal wenige Stunden, aber auch Jahre vergehen. Diese Zeit ist keine verlorene Zeit, sondern so unentbehrlich wie eine neunmonatige Schwangerschaft, an deren Ende die Geburt eines Menschen steht. Nutzen Sie die Zeit, sich schon jetzt zu einem Pilger zu verwandeln, und beschreiten Sie den Weg von einer kindlichen Tagträumerei zu einem ausgewachsenen Träumer, dessen Traum zu einem festen Glauben wird und schon jetzt beginnt, seinen Alltag zu gestalten.

Suchen Sie Kontakt zu Gleichgesinnten und zu den richtigen Beratern. Planen Sie Ihre Reise etwas vor. Beschäftigen Sie sich, wie im vorherigen Kapitel gezeigt, mit Literatur über den Weg, wenn Sie der Meinung sind, dies kann Ihnen helfen, den Weg intensiver zu erleben. Beginnen Sie Ihren „spirituellen Rucksack" zu packen, d. h. horchen Sie in sich hinein, welche Fragen und

Anliegen Sie innerlich mit auf Ihren Weg nehmen wollen. Wenn Sie sich dafür entscheiden, während Ihrer Pilgerreise ein Tagebuch zu führen, dann spricht nichts dagegen, dass Sie schon jetzt mit Ihren ersten Notizen beginnen, denn eigentlich hat Ihr Jakobsweg schon jetzt angefangen.

Um sich diesen Umstand noch deutlicher ins Bewusstsein zu rufen, können Sie jetzt auch symbolische Handlungen vollziehen, die Ihnen dies noch erfahrbarer machen. Schlüpfen Sie schon einmal in die Kleidung, die Sie auf dem Jakobsweg tragen wollen, und betrachten Sie sich im Spiegel. Wenn Sie religiös interessiert sind, können Sie einer langen Tradition folgen und sich von einem Geistlichen einen Pilgersegen erteilen lassen oder kurz vor Ihrem Aufbruch – vielleicht zusammen mit anderen Pilgern – um eine Aussendungsmesse bitten. Auch spezielle Fürbitten in einer Pfarrmesse können ein öffentliches Zeichen der Verbundenheit Ihrer Gemeinde mit Ihrer geplanten Pilgerfahrt sein. Diese Riten sollen für Sie und andere sichtbar zum Ausdruck bringen, dass nun ein weiterer Pilger „geistig neu geboren" wird und sich auf seinem Weg unter den Schutz Gottes und in die Gemeinschaft einer Kirche stellt, in der Menschen aus allen Erdteilen diesen Traum – diesen Glauben – schon seit Jahrhunderten mit ihm teilen.

Alles ist Anfang – Aller Anfang ist ...

Ich gratuliere Ihnen! Sie sind nun ein Pilger! Und wenn ich Sie nun auf dem Weg persönlich treffen könnte und gerade eine Schultüte voller Süßigkeiten griffbereit hätte, so würde ich Ihnen diese nun gerne in die Hand drücken, um Ihnen noch mehr Kraft und Freude für Ihre ersten Schritte auf dem Jakobsweg zu schenken. Da ich Ihren Start aber nun leider nicht persönlich miterleben kann, bleibt mir so nur die Möglichkeit, Ihnen hiermit schriftlich meinen tiefen Respekt darüber zum Ausdruck zu bringen, dass Sie heute den ersten sichtbaren Schritt auf dem Weg gewagt haben. Was einmal ein ferner Traum war und langsam konkretere Gestalt annahm, das ist jetzt Wirklichkeit geworden, und nur ein erfahrener Pilger könnte Sie nun auf den ersten Blick von einem reiferen Pilgerbruder unterscheiden. Jawohl, Sie sind ein wirklicher Pilger! Ab jetzt wird Sie der Weg einige Hundert Kilometer dem Lauf der Sonne folgend jeden Tag nach Westen führen. Schauen Sie nach Westen in die Richtung des Weges! Viel Schönes, Schweres, Neues und Ungeahntes wird Sie dort erwarten, wenn Sie ihm so begegnen, wie Sie der so neuen Welt zum Beispiel damals an Ihrem ersten Schultag begegneten: überrascht, offen, etwas furchtsam, neugierig, lebenshungrig, verspielt, hilflos, aber doch in der Gewissheit, bei aller Angst irgendwie behütet zu sein. Leben Sie mit der ständigen Frage „warum?" und „wie?" in Ihrem Kopf, in Ihrem Herzen und auf Ihren Lippen. Kurz: Sie sind hier wieder „eine/r von den Kleinen" und sollen und dürfen dies nun auch sein. Sie haben (fast) alles verlassen, was Sie sich in der bisherigen Zeit Ihres Leben um sich gehäuft haben, und stehen nun wieder praktisch nackt in einer fremden Welt, die Sie durch ihre Wunder beleben und erfreuen will. Können Sie sich noch an das Lebensgefühl Ihrer Kindheit oder Jugend erinnern? Was machte Sie damals innerlich so furchtsam und traurig, aber auch so froh, jung, stark und hoffnungsvoll?

Der Jakobsweg kann für Sie so etwas wie ein Lebensweg im Kleinen sein, auf dem Sie auch Ihre verschiedenen Lebensalter wieder neu entdecken und bewusster und tiefer wieder erfahren können. Es liegt mir dabei fern, den Lebensabschnitt der Jugend oder der Kindheit zu idealisieren oder durch eine rosa Brille zu betrachten. Jedes Alter hat seine Licht- und Schattenseiten, und wenn Sie ein wirklicher Pilger sind, können Sie zur gleichen Zeit blutjung und steinalt sein, denn Sie haben begriffen, dass jeder Schritt auf dem Weg seinen eigenen Wert hat und im selben Moment sowohl ein Anfang als auch ein Ende ist.

Wenn Sie auf dem Jakobsweg angekommen sind, dann haben Sie, ohne es vielleicht bemerkt zu haben, eigentlich schon ein großes Stück inneren und äußeren Weges zurückgelegt, nämlich den Weg zum Jakobsweg. Bis hierher konnten Sie bereits die Gelegenheit nutzen, sich gut auf den Weg selbst vorzubereiten, indem Sie sich zum Beispiel über Ihre Fragen und damit also Ihre persönlichen Ziele Gedanken gemacht haben. Hatten Sie keine Zeit dazu oder war Ihnen diese Aufgabe bisher noch nicht bewusst, so bietet sich jetzt noch Gelegenheit, dies nachzuholen – lesen Sie hierzu das Kapitel „Der Traum vom Pilgern". Beginnen Sie Ihren Weg mit ganzer Seele und ganzem Herzen! Kosten Sie den Anfang aus!

Dazu können Sie sich ein paar Fragen stellen: Was macht den Zauber des Beginns aus? Was macht ihn vielleicht schwer für Sie? Welche Ängste machen sich bei Ihnen breit? Was gibt Ihnen Hoffnung und Zuversicht? Was erleichtert Ihnen den ersten Schritt? Und wie begegnen Sie anderen Pilgern in diesem Abschnitt des Weges?

Wenn Sie glauben, es kann Ihnen helfen, Ihr bisheriges Leben besser zu verstehen, dann lassen Sie jetzt im Geiste Ihre Erinnerung an den Anfang Ihres Lebens vorbeiziehen. Versuchen Sie das zu erkennen, was Sie damals „bewegt" hat und so vielleicht Ihrem Leben eine Richtung gab, der Sie heute noch gewollt oder ungewollt, bewusst oder unbewusst folgen.

Lernen Sie hier und jetzt auf dem Jakobsweg bewusst zu beginnen und sich darüber klar zu werden, wie sehr Ihr Lebenslauf immer wieder von Neubeginnen geprägt wurde. Schärfen Sie aber auch Ihren Blick dafür, wie oft Sie im Alltag neu beginnen, ohne dies überhaupt wahrzunehmen und es so als Chance zu begreifen. Kurz: Er-leben Sie auf dem Jakobsweg die Kraft, den Zauber, aber auch die Schwere des Neubeginnes und machen Sie diesen nun ab jetzt zu einem festen, Ihnen stets vertrauten Teil Ihres Lebens. So lange Sie das tun, was die Natur und vor allem Ihre Seele am Leben erhält – nämlich nach jedem Ende einen Neubeginn zu wagen –, werden Sie innerlich jung bleiben. Diese grundlegende Erfahrung des Pilgerns wird Sie vielleicht immer mehr zu der Gewissheit kommen lassen, dass Sie zwar körperlich einmal sterben, aber geistig ewig leben werden.

Wenn Sie auf dem Weg der Bedeutung des Christlichen nach-gehen wollen oder gerne anhand der Erfahrung anderer Pilger über Ihr eigenes Pilgerleben nachsinnen, so können Sie

jetzt den unübertroffenen Bestseller der Weltgeschichte, nämlich die Bibel zur Hand nehmen und dort lesen, wie es anderen
Menschen ging, die sich entschlossen haben, ein Stück weit ihr
altes Leben aufzugeben und einen neuen Weg zu beginnen. Die
alte, aber immer noch aktuelle Pilgergeschichte finden Sie dort
im Buch Exodus.

O Herr, es ist genug!

O nein! So haben Sie sich Ihren Jakobsweg sicher nicht vorgestellt.
Sie sind nun vielleicht nicht einmal eine Woche unterwegs und
kommen nun schon auf dem Zahnfleisch dahergekrochen. Wenn
es nur die brennenden Blasen, der üble Durchfall oder der pein-
lich rote Sonnenbrand im Gesicht wäre, dann könnten Sie dieses
Pilgerleben noch irgendwie ertragen. Nein, das ist es aber nicht allein; schlimmer erscheint Ihnen, dass Sie nun gar nicht mehr wissen, warum Sie hier eigentlich noch „einen Schritt auf diesen Weg
setzen" sollen. Ein oder mehr Jahre haben Sie Ihren Jahresurlaub
aufgespart und sich lange auf dieses Ereignis vorbereitet, und nun
das: Der Weg erscheint überlaufen und anonym, der Tag ist von
der Furcht geprägt, abends keine Betten in der Herberge zu bekommen, die gelben Pfeile weisen Sie durch graue Vorstädte, die
wirklich nichts mit Urlaub zu tun haben, überall Kommerz, Ihre
Kleider sind dank eines hartnäckigen Tiefdruckgebietes schon
seit drei Tagen feucht und Ihr Pilgerbruder, mit dem Sie den Weg
so hoffungsvoll begonnen haben, hat Ihnen eben erklärt, dass er
sich nun aus vollkommen unbegreiflichen Gründen von Ihnen
trennen will. Sie haben die Schnauze voll, begreifen nicht, wie
Sie so aberwitzig dumm sein konnten, dem neuen Modetrend
Jakobsweg zu verfallen, der scheinbar auch gar nichts mit Ihrem
persönlichen Glück und schon überhaupt nichts mit irgendeiner
inneren Erleuchtung zu tun hat. Sie setzen sich ans Internet, um
schnelle Verkehrsverbindungen nach Hause oder ans spanische
Meer ausfindig zu machen, und erwägen, vielleicht später einen
Artikel oder Aufsatz mit der Überschrift „Der Jakobsweg ist tot!"

zu verfassen, um sich so an diesem und allen seinen fanatischen Verehrern zu rächen.

Was ist geschehen? Sie stecken, wie es scheint, in einer Krise fest, die Sie die Welt nun durch eine schwarze Brille sehen lässt. Ein Traum ist anscheinend in Erfüllung gegangen, entwickelte sich dabei aber entweder zu einem Alptraum oder löste sich mit jedem Schritt scheinbar immer mehr in nichts auf. Sie erahnen, dass das Ziel, welches Sie anstrebten, nicht das ist, für das Sie es gehalten haben, oder gewinnen immer mehr den Eindruck, dass Sie wohl psychisch oder physisch nicht in der Lage sein werden, Ihr Ziel so zu erreichen, wie Sie sich dies vorher vorgestellt haben. Sie haben also Ihre innerste Orientierung verloren, und damit kam Ihnen auch Ihr Wille und letztlich Ihre Kraft zum Weitergehen abhanden. Sie liegen in einem Tal, aus dem es anscheinend kein Entrinnen gibt und in welchem der Horizont nicht mehr sichtbar und auch nur noch schwer erahnbar ist.

All dies ist aber noch im „gelben Bereich" und noch kein Grund aufzugeben, sondern eine natürliche Station auf dem Weg, die vielleicht mit der Jahreszeit des Winters oder mit dem Lebensabschnitt der Pubertät zu vergleichen ist. Jetzt, da Sie ent-täuscht sind, können Sie sich ehrlich fragen, was Sie vorher vom Weg erwartet hatten und ob Sie es schon damals, als Sie vom Weg träumten, aus Bequemlichkeit verpasst hatten, sich dabei auch auf die Realität des Weges vorzubereiten. Glaubten Sie wirklich, dass Sie auf dem Weg genau die Freuden und auch Probleme vorfinden werden, wie Sie sich diese vorher ausgemalt hatten?

Gut! Ihr Traumschloss ist also mit einem spektakulären Krach in sich zusammengefallen und Sie stehen nun vor einem Haufen von Scherben; fassungslos und traurig, wie ein Kind, dessen erster Turm aus farbigen Bauklötzen nun am Boden liegt. Gehen Sie nun also kurz in sich und überlegen Sie, wie Sie jetzt in einem zweiten Anlauf einen zweiten oder dritten Turm bauen können, der vielleicht etwas niedriger ausfällt, sich dafür statisch aber stabiler darstellt und so in Zukunft auch einem kleinen Erdbeben standhält. Verabschieden Sie sich also gebührend von Ihrem ersten Baukonzept, sammeln Sie Ihre Bauklötze wieder artig zusammen und beginnen Sie mit neuem Mut an einem Turm, an einem neuen Traum zu bauen, denn Ihr alter Traum hat Sie bis hierhin ja schon sehr weit gebracht.

Werfen Sie also die bunten Bauklötze Ihrer Phantasie nicht in den Mülleimer Ihrer bequemen persönlichen Feigheit, denn dies ist eines wahren Pilgers nicht würdig. Träumen Sie davon und glauben Sie an ein neues inneres Ziel und damit auch an einen inneren Weg, der Sie, wenn auch mit Mühen und mit außerplanmäßiger Verspätung, letztendlich dort hinbringen wird, wo Sie Ihr ganz persönliches Glück erwartet.

Tränen

Kann sein, dass Ihnen der Weg in dieser oder anderen Situation einige Tränen der Trauer oder aber auch der Freude schenkt. Ein Phänomen, das auf dem Jakobsweg sehr häufig zu beobachten ist und meist keinen Anlass zur Sorge geben muss. Ich versuche es hier kurz zu erklären:

Der Schlüssel zu diesem wunderbaren Geschehen, das in der Lage ist, sogar starke Männer zu über-mannen, die vor langer Zeit das letzte Mal einen leichten Ansatz zu feuchten Augen erkennen ließen, liegt wohl in der Einfachheit und Offenheit, die Sie auf dem Weg erleben können. Wer durch die Einfachheit des täglichen Pilgerlebens und auch durch die Offenheit seiner Sinne nach einigen Tagen immer mehr lernt, so ursprünglich und elementar zu fühlen wie ein Kind; und wer sich in seiner Angst und in seiner Freude in so wunderbarer Weise durch „etwas" oder „Gott" aufgehoben fühlt, der bringt seine Gefühle auch wieder so wie ein Kind zum Ausdruck und beginnt – zu weinen!

Es handelt sich hierbei quasi um eine wahre Freuden- oder Trauerfeier Ihres Körpers und all Ihrer Sinne, der Sie tiefe Aufmerksamkeit schenken und die Sie auch später ausführlichst in Ihr Tagebuch eintragen dürfen. Ähnlich wie bei einem Lachkrampf, kehrt sich hier Ihr seelisches Innenleben nach außen und erfasst den ganzen Körper. Sie haben damit in Ihrer Trauer oder auch Freude eine tiefe ganzheitliche Einheit von Körper und Geist wiedergefunden, in der Sie Ihr Schluchzen hören, das Beben Ihres Körpers spüren und Ihre Tränen schmecken können. Ist es Ihnen gelungen, auf dem Weg wieder zu diesem tiefen Ausdruck der Trauer und zugleich Freude zurückzufinden, dann bietet sich für Sie ab jetzt die Möglichkeit, das alltägliche Leid, aber noch viel mehr auch die täglichen Freuden, noch intensiver zu erleben.

Überlegen Sie, wann Sie zum letzten Mal Tränen vergossen haben. Haben Sie seither vergessen, wie man weint, oder glauben Sie, dies nicht mehr tun zu dürfen? Schauen Sie zurück auf Ihr bisheriges Leben und spüren Sie Erlebnissen nach, die Sie noch nicht genug beweinen konnten. Wenn Sie wollen, können Sie dies nun an einem etwas abgelegenen Ort nachholen. Seien Sie dann für dieses Erlebnis dankbar. So mancher Mensch erreichte dieses Gefühl, eine alte Trauer oder Wut, die in der Seele noch immer Schaden anrichtet, nun endlich einfach rauszuweinen zu können, erst nach einer langwierigen und teuren Psychotherapie. Werden Sie dabei aber bitte nicht zur traurigen Heulsuse, die alles nur noch zum Weinen findet, sondern richten Sie, nachdem Sie Ihre Tränen getrocknet haben, Ihren Blick wieder umso entschlossener nach vorne auf den nun kommenden Weg.

Es gibt freilich auch Situationen, in denen Tränen kein schönes Erlebnis darstellen und sich der Trost nicht so schnell von allein einstellt. Hiervon soll gleich im Anschluss die Rede sein.

Wenn Sie also auf Ihrem Weg nach Santiago auf eine überraschende, körperliche oder geistig-spirituelle Grenze treffen, die Ihnen das Weitergehen scheinbar unmöglich macht, dann tun Sie sicher gut daran, diese auch wahrzunehmen und bewusst zu er-leben. Krankheiten, Ermüdung und Erschöpfung haben oft ihren tieferen Sinn: Sie wollen uns auf äußere oder innere Probleme aufmerksam machen und uns so auch die Möglichkeit geben, unsere Ziele und Wege neu zu überdenken und realistischer auszurichten. Der „Herr im Hause" sollte aber immer Ihr Geist bleiben, der es Ihnen ja auch ermöglicht, Ihren Körper dazu zu bewegen, Unglaubliches zu leisten. Lassen Sie Ihren inneren Schweinehund und kleine körperliche Gebrechen nicht zum Herrn über Ihren wunderbaren großen Geist werden. Sicher ist es dabei nicht einfach zu unterscheiden, wann Ihr Körper wirklich Ruhe und Aufmerksamkeit braucht und wann er nur simuliert, um sich von Ihnen quasi offiziell krankschreiben zu lassen. Wenn Sie letzteren Verdacht haben, dann stehen Sie auf und gehen Sie einfach weiter. Auch wenn es Ihnen die in Watte gewickelte Luxuswelt des Alltags anders glauben machen will, Ihr wunderbarer menschlicher Wille ermöglicht es Ihnen nämlich auch dann zu laufen, wenn Sie etwas Schmerzen dabei empfinden und eigentlich auch keine Lust dazu haben. Sie werden dann feststellen, dass sich mit jedem Schritt Ihre Perspektive von der Welt wieder zu wandeln beginnt und sich so viele Probleme ganz von alleine in Wohlgefallen auflösen.

Sie brauchen also, um eine Krise zu bewältigen, oft nichts anderes zu tun, als dem alten Ruf des Pilgers „Ultreja" zu folgen, der so viel bedeutet wie „Auf, immer weiter!". Entschließen Sie sich also jeden Tag von neuem, stärker zu sein als Ihre alltäglichen Wehwehchen und Probleme, und treten Sie so aus dem Tal der Krise heraus, das Ihren Horizont so einschränkt, denn alles „geht vorbei", wenn Sie nur den Mut und Glauben finden, immer wieder neu aufzustehen und aufzubrechen.

Gewiss gibt es aber auch Situationen, in denen Sie sich quasi nicht mehr Münchhausen gleich am eigenen Schopf aus dem klebrigen Sumpf Ihrer eigenen kranken Psyche ziehen können. Bitten Sie in solchen Fällen dann Pilgerbrüder oder andere mit dem Pilgerleben eng vertraute Personen wie Geistliche und Hospitaleros um Hilfe. In sehr seltenen Fällen ist es auch notwendig, den Jakobsweg vorerst zu unterbrechen oder ganz zu beenden, um einer auf dem Jakobsweg entstandenen oder zu Tage getretenen tiefen psychischen Krise grundlegend zu begegnen. Ist dies bei Ihnen der Fall, dann sollte Sie das trotzdem nicht in zu große Selbstzweifel stürzen. Der Jakobsweg ist ja, wie gegen Ende noch deutlich werden wird, nur eine kurze Etappe auf Ihrem Lebensweg und nicht das Leben selbst.

Wer tief in sich spürt, dass seine eigene menschliche Kraft und auch die Kraft und Erfahrung anderer Menschen nicht ausreichen, um den Weg bis an sein fernes Ziel zu finden, der kann auch genau jetzt den Versuch unternehmen, im Gebet Gott zu suchen und zu begegnen. Auch die alten Pilgergeschichten aus der Bibel können ihm dabei vielleicht vor Augen führen, dass der Mensch auf seinem Weg letztlich nie alleine bleibt, sondern unter den Augen eines Gottes wandelt, der seinen Namen und auch seine Leiden kennt und zur rechten Zeit die rechte Hilfe schickt. Lesen Sie hier zum Beispiel 1 Könige 19,7 und Lukas 24,13ff. Heben Sie also Ihr gesenktes Haupt und halten Sie Ausschau danach aus, wie Ihnen Gott helfen will, denn es könnte sein, dass die Lösung zu Ihrem Problem bereits seit Tagen zum Greifen nahe ist, von Ihnen aber dennoch bis heute nicht erkannt wurde.

Pilgeralltag zwischen Himmel und Erde

Wenn hier das Wort „Alltag" ins Spiel kommt, dann steigt bei den meisten Lesern wohl gleich ein Gefühl des Unbehagens hoch, das mit Attributen wie Stress, Pflicht, Zeitdruck, Langeweile und Selbstentfremdung in Verbindung gesetzt wird. Kann und darf es deshalb überhaupt so etwas wie einen Pilgeralltag geben?

Der Alltag des Pilgers kann keine graue Pflicht sein, in der er gelangweilt und von dem Wunsch besessen, möglichst bald sein Ziel zu erreichen, mit Scheuklappen durch die Gegend läuft. Unter dem Kapitel „Den Weg am Ziel ausrichten?" war bereits davon die Rede, dass der Wert des Jakobswegs eben nicht allein in dessen Ziel zu suchen ist, sondern ganz im Gegenteil gerade auch in der alltäglichen Wegerfahrung. Wie sieht nun aber der typische Alltag eines Pilgers aus und welche besonderen Probleme und Chancen zeichnen ihn aus?

Wenn ein Pilger einige Tage auf dem Weg unterwegs ist, er sich dort ein-gelebt und die typischen Anfangsprobleme hinter sich gebracht hat, so stellt sich nach einigen Tagen oder vielleicht Wochen so etwas wie eine Gewohnheit, man könnte auch sagen: ein Alltag, ein. Man weiß, wie schnell man geht und worauf man bei der täglichen Tagesplanung zu achten hat. Man ist seit Tagen mit den gleichen, schon etwas bekannteren Partnern unterwegs und hat auch so etwas wie eine Gewissheit entwickelt, die täglichen Anforderungen des Weges meistern zu können. Kurz: Man ist auf dem Weg so richtig angekommen, hat es sich dort eingerichtet und seinen persönlichen Tages- und Gehrhythmus ein Stück weit gefunden.

Der eigentliche Sinn des Pilgeralltags kann aber nicht, wie einleitend angedeutet, darin bestehen, eine motorische Routine einzuüben und sich mittels dieser dann mit geringstmöglichem Kraftaufwand durch das tägliche Pilgerleben zu stehlen. Diese Routine, die an sich nichts Schlechtes ist, soll dem Pilger vielmehr den Rücken für höhere Aufgaben frei halten.

In dieser Phase ist es freilich ganz besonders wichtig, die Pilgergrundsätze der Offenheit und des Wandels sehr genau im Auge zu behalten. Auch wenn es so zum Beispiel sicher gut ist, wenn Sie nun eine immer tiefere Beziehung mit Ihren nun schon länger vertrauten Begleitern pflegen, sollten Sie es nicht versäumen, noch Offenheit gegenüber anderen Pilgern zu zeigen. Die Sicherheit, die ein Ihnen jetzt schon vertrauterer Alltag bietet, erlaubt es Ihnen, sich immer tieferen Begegnungen mit der Natur, der Kultur, anderen Menschen, sich selber und auch mit Gott zu widmen. Begegnungen also, wie sie schon im ersten Teil des Buches ausführlich beschrieben worden sind. Ihr tägliches Leben kann auf diese Weise eine Tiefe und Reife erreichen, die Sie zu ungeahnten Erlebnissen und Erkenntnissen führt. Sollten Sie aber merken, dass sich auf dem Jakobsweg bei Ihnen eine schlechte Routine einschleicht, die Sie blind für die Wunder des Weges macht, so ist Vorsicht geboten: Durchbrechen Sie Ihren Trott, indem Sie zum Beispiel für einige Zeit Ihr Gehtempo, Ihren Tagesrhythmus oder Ihren Partner wechseln, oder wenden Sie sich bewusst einer Dimension des Weges zu, die Sie bisher als weniger interessant betrachtet haben!

Der Alltag auf dem Jakobsweg kann Sie lehren, in Zukunft auch Ihren Alltag zu Hause mit anderen Augen zu sehen und letztlich anders zu leben. Wenn Sie den Mut finden, die Grundsätze des Pilgerns auch dort zu verwirklichen, so wird sich Ihr ganzes Leben langsam, aber sicher verwandeln. Versuchen Sie, sich schon jetzt in der Art eines Blitzlichtes kurz vorzustellen, was dies später für Sie konkret bedeuten könnte. (Mehr zu diesem Thema finden Sie im Kapitel „Heimkehren und Pilger bleiben"). Lassen Sie Ihre Gedanken hierüber aber nicht allzu weit vorauseilen! Schließlich ist der Weg noch weit, und Sie tun gut daran, auf dem Jakobsweg im Heute und nicht schon im Übermorgen zu leben.

Vor den Toren Santiagos

Noch können Sie die Tore Santiagos weder sehen noch hören. Dennoch spüren Sie es von Tag zu Tag mehr: Santiago de Compostela, das Ziel jenes Weges, auf dessen staubigen Straßen Sie sich nun schon seit Tagen und Wochen kontinuierlich in Richtung Westen bewegen, rückt näher.

Jeden Tag, an dem Sie aufstehen und in Ihren Pilgerführer schauen, wird der Abstand geringer, und bald stellen Sie überrascht fest, das es nun nur noch 200 oder 100 km bis nach Santiago und damit vielleicht auch bis zum Ende Ihres Urlaubs sind. Ungläubig betrachten Sie Ihre inzwischen gut ausgelatschten Wanderstiefel und die mit Hornhaut überzogenen Füße, die tagsüber darin stecken. Sie stellen vielleicht nicht nur an diesen Füßen, sondern auch an Ihrer Seele fest, dass Sie sich selbst langsam, aber doch merklich gewandelt haben und heute nicht mehr ganz derselbe sind, der vor einigen Wochen aus dem Flugzeug stieg. Das Gebaren von Pilgerneulingen, die nun kurz vor Ihrem Ziel erst ihren Weg beginnen, amüsiert Sie vielleicht. Die Szene stimmt Sie aber eventuell auch etwas traurig, denn es wird Ihnen nun auch immer bewusster, dass Sie inzwischen ein „alter Pilger" sind, den in einigen Tagen das Ende seines Lebens als Pilger erwartet. In der Geschichte sprach man in sehr krasser, aber bezeichnender Weise sogar vom „Pilgertod in Santiago".

So kurz vor Santiago kann es Ihnen passieren, dass Sie sich mehr denn je innerlich zerrissen fühlen. Mag sein, dass Sie Ihre Freunde und Familie zu Hause inzwischen schon sehr vermissen. Ihre Gedanken gehen auch zurück auf den Weg; auf das noch unbegreiflich viele Schöne und Schwere, das Sie auf ihm erlebt haben und das nun vielleicht nicht nur Ihr Tagebuch, sondern auch Ihren Kopf bis zum Rand füllt. Ihr Schritt hingegen führt weiter, einer altvertrauten Gewohnheit folgend, immer weiter nach vorne, und je näher Santiago rückt, desto stärker spüren Sie die Anziehungskraft dieses rätselhaften Magneten.

Ihre Seele ist jetzt vielleicht in gewisser Weise gespalten, denn Ihre Erinnerung führt Sie zurück auf den Weg, Ihre Neugierde und Ihr Streben aber weiter vorwärts nach Santiago. Sie fühlen sich in diesen Tagen vielleicht triumphierend und traurig zugleich und Ihr Körper weiß nicht so recht, wie er auf die komplexen und zum Teil widersprüchlichen Signale des Geistes reagieren soll. Bei manchem Pilger macht sich nun eine Niedergeschlagenheit bemerkbar, mit der er sich eigentlich nur selber ein Attest dafür ausstellen will, nicht zu früh am Ziel ankommen zu müssen. Ein anderer löst seinen inneren Konflikt eher durch einen furiosen Endspurt, der ihn vergessen macht, in welchem Zustand er sich innerlich befindet, oder ihn hoffen lässt, die inneren Leiden durch eine schnelle Ankunft abzukürzen. Sehr unterschiedliche Gefühle und ebenso viele körperliche Reaktionen sind möglich. Oft tauchen auch rätselhafte Verdauungsbeschwerden auf, die dem Betroffenen vielleicht nur deutlich machen sollen, dass sein Geist jetzt einfach viel zu viele Eindrücke zu verdauen hat.

Wenn Sie in einigen Tagen wirklich gut mit Leib und Seele in Santiago ankommen wollen, dann bereiten Sie sich nun schon langsam bewusst auf Ihren „Pilgertod" vor. Wenn Sie es jetzt verstehen, mit einer ruhigen inneren Gewissheit Ihrem Ziel entgegenzugehen, dann erwarten Sie auch am Ziel ähnliche reiche Erlebnisse wie auf dem Weg selber. Beginnen Sie schon jetzt, Ihren Weg langsam zu beenden. Falls Sie es nicht schon getan haben, dann fangen Sie nun an, Ihre Erlebnisse und Erfahrungen zu ordnen. Bedenken Sie die Ziele und Erwartungen, die Sie anfangs hatten. Welche davon haben sich erfüllt? Welche haben sich noch nicht erfüllt und könnten noch in den letzten Tagen in Erfüllung gehen, wenn Sie diesen nun noch einmal gezielt „nachgehen"? Welche persönlichen Ziele haben sich auf dem Weg gewandelt und wurden langsam, fast unmerklich durch andere ersetzt? Welche Antworten haben Sie gefunden und welche Fragen sind neu aufgetaucht?

Versuchen Sie also ruhig und gelassen, dem Ende Ihres Pilgerlebens „entgegen-zu-gehen", indem Sie Ihren bisherigen Pilgerweg ordnen und aus der Gesamtschau die Gewissheit schöpfen, dass alles gut ist und Sie deshalb auch einem guten Ende entgegensehen.

Ich lege Ihnen diese Empfehlung auch mit einer gewissen Warnung sehr nahe! Fangen Sie schon jetzt an, sich in der eben beschriebenen Weise langsam von Ihrem Weg zu verabschieden, denn es könnte sein, dass Sie in Santiago nicht so ohne weiteres die Ruhe hierzu finden werden. Hier stehen auch noch andere Aufgaben und Erfahrungen an, die eine besondere Herausforderung für Sie darstellen werden.

Am Ziel?! Oder: Der „Pilgertod" am Ende der Welt

Ihr letzter Gang: Ein letztes Mal sind Sie aufgewacht, haben ein letztes Mal Ihren wohl schon etwas muffeligen Schlafsack in seine Hülle gestopft und in dem Ihnen schon so vertrauten Rucksack verstaut. Sie haben ein letztes Mal Ihren Rucksack geschultert und sind ein letztes Mal in den neuen Tag hinein aufgebrochen. Ein letztes Mal sind Sie den gelben Pfeilen gefolgt, die Sie vorbei an dem Flugplatz von Santiago zum Monte de Gozo führten. Nun stehen Sie auf dem Berg des Jubels, also dem Berg, von dem aus Sie zum ersten Mal die Stadt Santiago de Compostela erblicken. Wenn Ihnen nun zum Jubeln zu Mute ist, dann jubeln Sie also – man wird sich hier nicht wundern. Wenn Sie singen wollen, dann singen Sie – man kennt das. Wenn Sie weinen wollen, dann weinen Sie – es stört nicht.

Sie gehen nun weiter durch eine typische Vorstadtregion, überqueren eine Autobahnbrücke, die sich, so scheint es, auch überall sonst in der Welt befinden könnte, und nähern sich langsam, aber stetig dem Stadtkern von Santiago …

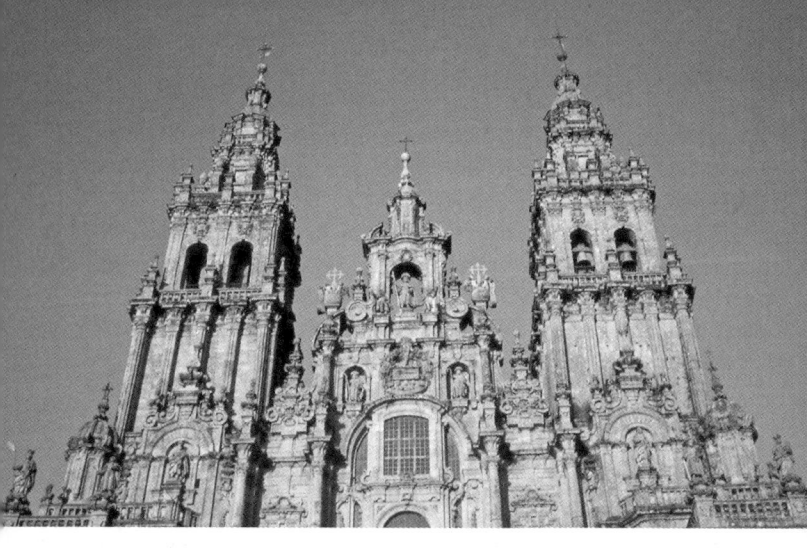

Die „steinernen Orgeln" der Kathedrale von Santiago

Schließlich erreichen Sie den Platz vor der Kathedrale, verlangsamen Ihren Schritt, der Sie über vielleicht Hunderte von Kilometern bis hierher getragen hat, und bleiben endlich ganz stehen.

The End

Aus. „Das Ding ist gelaufen." Ihre Pilgerreise nach Santiago ist gerade in diesem Moment zu Ende gegangen. Es gibt kein Tagesziel mehr, das morgen auf Sie warten wird. Es ist aus und vorbei! Sie sind am Ende! Der Abspann läuft! Mag sein, dass Sie Pilgerfreunden in die Arme fallen, die Sie eben auf dem Platz wiedergefunden haben. Kann sein, dass Sie jetzt zu Boden sinken und beginnen zu weinen. Sie können sich auch auf den Rücken legen und endlos die Fassade der Kathedrale betrachten oder aber gleich weiter in die Kathedrale stürmen.

Nun, dass der Weg nun hier in Santiago zu Ende ist, ist eigentlich nur die halbe Wahrheit. Lassen Sie uns diesem Gedanken aber trotzdem einmal etwas länger nachgehen: Was tun? Ihr Leben hat sich in den letzten Tagen und Wochen auf ein Ziel ausgerichtet. Dort angekommen, sind Sie quasi „arbeitslos" geworden. Im ersten Moment stehen Sie daher vielleicht etwas hilflos da und wissen nicht, was Sie mit sich und der Welt anfangen können.

Zunächst einmal herzlichen Glückwunsch! Sie haben es geschafft. Ihre Leistung verdient Anerkennung und Respekt, und das auch, wenn zum Anlass Ihres Einzugs kein Orchester erklang, Ihnen keine Medaille überreicht wurde und Sie angesichts so vieler Pilger vielleicht glauben mögen, Ihre Leistung sei heute nichts Besonderes mehr. Jawohl, Sie dürfen sich jetzt auch über das freuen, was Sie eben jetzt erleben, und können, wenn Sie wollen, (Gott) dafür danken. Um 12:00 Uhr mittags beginnt in der Kathedrale von Santiago der Pilgergottesdienst. Ein Fest der Freude und des Dankes für jedermann. Hier können Sie zahllose verlorengeglaubte Pilgerfreunde wiederfinden und sich auch in mystischer Weise mit den Pilgern aus vergangenen Zeiten verbunden fühlen. Wer will, kann hier auch im besonders festlichen Rahmen die Kommunion empfangen und sich so nochmals bewusst darüber werden, dass sich Gott auch am Ende dieses Weges ihm ganz persönlich schenken will.

Wie zum Ende einer jeden großen Leistung oder eines Lebensabschnitts steht es Ihnen auch zu, diesen Anlass gebührend zu feiern. Im Alltag zu Hause werden Sie sicher einige graue Tage erwarten. Wenn Sie dann einige schöne Erinnerungen in Ihrem Gedächtnis bewahrt haben, verfügen Sie über einen großen Schatz, auf den Sie dann zurückgreifen können. Feiern Sie also so, dass Ihnen die Feier und damit auch der Weg wirklich in Erinnerung bleibt. Das muss nicht teuer sein, wie Sie ja auf dem Weg gelernt haben, aber doch besonders und unvergesslich.

Und am nächsten Morgen? Ich hatte Sie bereits gewarnt: In Santiago angekommen, warten bald neue große Aufgaben auf Sie. Sie haben die Pflanze Ihres inneren spirituellen Lebens auf dem Jakobsweg seit dem Aufbruch gehegt und gepflegt. Nun am Ende des Weges ist die Zeit gekommen, deren Früchte nicht verkommen zu lassen, sondern diese zu sammeln und sie an einem geschützten, aber für Sie zugänglichen Ort aufzubewahren. Wenn

Sie nun Ihrem Pilgerleben von heute auf morgen den Rücken kehren und so, als wenn nichts gewesen wäre, wieder ins Alltagsleben eintauchen, dann besteht die Gefahr, dass die reichen Erlebnisse, die Ihnen auf dem Jakobsweg widerfahren sind, sehr schnell quasi in der Müllhalde der täglichen Reizüberflutung landen und dort ungenutzt verrotten. Bewahren Sie sich also Ihre Erlebnisse auf, indem Sie diese noch einmal in aller Ruhe bedenken. Pädagogen und Psychologen sprechen davon, dass Erlebnisse erst dann zu einer Erfahrung reifen können, wenn sie reflektiert, also sozusagen geistig verdaut werden. Nehmen Sie sich deshalb am Ende Ihres Weges bewusst Zeit hierfür. Sie können dies tun, indem Sie noch einmal Ihr Tagebuch lesen oder sehr langsam die Bilder auf Ihrer Digitalkamera betrachten. Auch beim Durchblättern Ihres Reiseführers können Sie den Weg noch einmal in Gedanken abgehen und sich an die hier gemachten Erfahrungen erinnern, um sie so besser zu bewahren.

Etwas enttäuscht werden Sie vielleicht feststellen, dass Santiago nicht unbedingt der richtige Ort für ein solch besinnliches Vorhaben ist. Einfache Fußpilger scheinen oft in dieser sehr touristischen Stadt den kommerziellen Betrieb nur zu stören, und davon, dass Santiago de Compostela so etwas wie ein „Mekka" für Menschen ist, die auf der Suche nach Spiritualität sind, davon kann zumindest auf den ersten Blick wohl kaum die Rede sein. Auch an diesem Ort können Sie aber, wenn Sie Zeit und innere Ruhe finden, tiefer zu schauen, durchaus mehr entdecken, als zunächst möglich erscheint. Leisten Sie sich, was meist nicht zu teuer ist, ein Zimmer in einem ruhigen Kloster oder einer netten Pension, und machen Sie sich auf den Weg, das innere Geheimnis der Stadt Santiago zu entdecken – das es durchaus gibt, wie viele, die hier schon längere Zeit verbrachten, bestätigen. Bedenken Sie doch, dass Sie sich später zu Hause angekommen eventuell in einer ähnlichen Situation vorfinden werden. Auch hier sind Sie nämlich aufgerufen, in einer Umgebung nach spirituellen Quellen zu graben, die nicht gerade so wie der Jakobsweg nur so in Spiritualität getränkt ist. Das Leben in dem geschäftigen Santiago bietet da gerade eine gute Übung für Ihren spätern Alltag.

Um besser zu einem innerlichen Abschluss Ihres Pilgerlebens zu kommen, bietet es sich zum Beispiel an, das Gespräch mit anderen Pilgern oder, wenn dies Ihren Interessen entspricht, mit einem Geistlichen zu suchen. Er kann Ihnen bei Bedarf auch die Beichte abnehmen. Diese kann Ihnen vielleicht dabei helfen, sich vor Gott und auch vor Ihnen selbst von alter drückender Schuld zu befreien, die Sie bisher auf Ihrem Lebensweg „mit sich herumgetragen" haben. (Näheres dazu im Anhang.) Auch besteht immer die Möglichkeit, dieses Buch noch einmal zur Hand zu nehmen und von vorne zu lesen.

Dem Jakobus begegnen
Vielleicht können Sie den Aufenthalt in Santiago auch zu einer Begegnung besonderer Art nutzen: Diese Stadt wird von jeher als die Ruhestätte der Gebeine des heiligen Jakobus verehrt, von dem in unserm „alten Pilgerbuch", der Bibel, nicht selten die Rede ist. Unter den folgenden Bibelstellen können Sie einiges über ihn und sein Leben und Sterben erfahren: Markus 1,19.29; 5,37; 9,2; 10,35–41; 13,3; 14,33; Johannes 21,2; Apostelgeschichte 12.

Wenn Sie den Pilgergrundsatz der Offenheit auch jetzt noch weiterverfolgen wollen, dann haben Sie die Möglichkeit, diesen Ort zum Beispiel zum Anlass zu nehmen, darüber nachzusinnen, was der heilige Jakobus und seine Reliquien für Ihr spirituelles Leben bedeuten könnten. Zu welchem Schluss Sie dabei kommen, ist natürlich offen. Viele Pilger mögen zwar an der Echtheit der hier bestatteten Gebeine zweifeln, berichten aber dennoch davon, in Santiago irgendwie die Gegenwart dieses Heiligen erfahren zu haben. Ist es vielleicht einfach „nur" der Wunsch nach einer persönlichen Begegnung so vieler frommer Pilger, der den heiligen Jakobus besonders in Santiago zum Leben zu erwecken scheint und so vielleicht eine mystische Begegnung ermöglicht?

Wenn Sie auf Ihrer Suche nach dem heiligen Jakobus in die Fußstapfen der alten Pilger treten wollen, dann können Sie der Tradition folgen, welche die Pilger schon seit Jahrhunderten in der Kathedrale von Santiago praktizieren: Sie legen Ihre Hand in die Säule, auf die sich die Statue des heiligen Jakobus stützt.

Diese Säule stellt den Stammbaum Jesu dar. Keiner weiß sicher, wie diese Tradition entstanden ist und was sie genau zu bedeuten hat. Dies scheint auch nicht sehr wichtig zu sein, denn wenn Sie sich entschließen, dieser Tradition zu folgen und Ihre Hand in den bereits tief abgegriffenen Handabdruck Tausender vorangegangener Pilger zu legen, haben Sie ja selbst die Möglichkeit, zu ergründen, welche Bedeutung dies für Sie hat. Wenn Sie wollen, können Sie nun weiter der Tradition folgen und die Statue des Apostels umarmen, die sich hinter dem Altarraum befindet, und auch die Botschaft dieser Tradition zu verstehen versuchen, bevor Sie dann als Letztes das (angebliche) Grab des Heiligen im Fundament der Kirche besuchen.

Vielleicht sind Sie nun neugierig geworden, um wen es sich bei diesem Menschen handelt. Um es kurz zu sagen: Ich würde ihn schlicht als einen der ersten Pilger im Geiste des christlichen Glaubens beschreiben. Von seinem Freund und Herrn Jesus Christus ausgesandt, der mit seinem Leben allen Pilgern vorangegangen ist, bereiste er die ganze Welt und angeblich auch Spanien. Er war dabei vom Traum beseelt, allen Menschen von seinem Glauben an einen lebendigen menschgewordenen Gott Zeugnis abzulegen, was ihm letztlich, ebenso wie seinem Freund und Herrn Jesus Christus, das Leben kostete. Wie sein Leichnam später den Weg nach Santiago fand, und welche Legenden sich hierum ranken, können Sie sich vor Ort oder von Ihrem Pilgerführer erklären lassen. Entscheiden Sie dann abschließend selber, welchen dieser Geschichten Sie auf der Grundlage Ihrer nun schon etwas geschulten Pilgererfahrung glauben können und welchen nicht. Bedenken Sie dann aber vor allem auch, welche Bedeutung das Leben, Wirken und Sterben dieses „alten Pilgerbruders" für Sie heute noch haben kann. Wenn Sie wollen, können Sie sich hierzu noch einmal das Kapitel „Geschichte erleben – Zukunft gestalten" durchlesen.

Das Ende der Welt er-leben
Immer mehr Pilger bezeichnen nicht Santiago, sondern Finisterre, also das äußerste westlichste Kap Spaniens, als das Ziel des

Jakobswegs. Einige wählen dieses Ziel, weil sie kein persönliches Interesse an der traditionellen (christlichen) Bedeutung des Weges und somit auch des (angeblichen) Apostelgrabes finden. Andere sehen die vom Kommerz sehr geprägte Stadt heute nicht mehr als passendes Ziel ihrer Pilgerreise an.

Nun ist Santiago sicherlich nicht einfach mit einem beliebigen Ort austauschbar, und auch die „Flucht" aus der Betriebsamkeit wäre wohl ein etwas oberflächlicher Grund für eine Verlegung des Ziels an das „äußerste Ende der Welt". Wer Santiago und Finisterre kennen gelernt hat, weiß vielmehr, dass beide Orte ihre eigenen Erfahrungen bieten. Und keiner von beiden ist deshalb durch den anderen ersetzbar. Was Sie als Ihr persönliches Ziel oder Ende der Pilgerreise betrachten, obliegt, wie jede Entscheidung auf dem Weg, letztlich Ihnen ganz allein. Natürlich können Sie auch jedem dieser beiden Ziele eine ihm jeweils angemessene Bedeutung zukommen lassen und müssen sich so nicht unbedingt zwischen zwei nur vordergründig betrachtet konkurrierenden Zielen entscheiden.

Der Weg nach Finisterre ist ein „weit-gehend" vom touristischen Trubel ferner landschaftlicher Hochgenuss. Nicht alle Pilger besuchen das Kap zu Fuß. Viele lassen sich dieses letzte Stück ihres Pilgerweges jetzt als sichtbares Bekenntnis zu ihrer eigenen menschlichen Schwachheit und Begrenztheit von einem Bus oder Auto tragen. Andere wählen diese Möglichkeit, da sie nach all den vorhergegangenen Festivitäten und Abschlussriten, die sie in Santiago durchlebten, schlicht weder Kraft, Zeit noch Lust haben, einen Schritt mehr als irgendwie nötig zu gehen.

Was Sie bei Ihrem Besuch von Finisterre erleben wollen und werden, ist letztlich sehr von Ihren persönlichen Erwartungen abhängig. Die ältere oder auch jüngere Tradition, die auch heute noch von vielen Pilgern gerne aufgenommen wird, lädt aber dazu ein, sich zunächst mit einem Bad im Meer rituell zu reinigen und sich dann später einige Zeit vor dem Sonnenuntergang auf den Weg zu machen, der in einer langgezogenen einsamen Straße hinauf zum Kap führt. Dieser mysteriöse Ort wurde früher als das Ende der Welt betrachtet und war, wie manche Historiker behaupten, wohl schon lange vor der christlichen Zeitrechnung ein alter Kultort. Der Pilger beobachtet hier, nachdem sich sein Blick in der Weite des Meeres verloren hat, das mystische Schauspiel des Sonnenunterganges:

Die Sonne, der Sie und Ihre Pilgerfreunde auf dem gesamten Weg nach Westen gefolgt sind, nähert sich langsam dem endlosen Horizont und taucht leise und friedlich in das weite, wogende Meer ein. Sie malt dabei eine lange goldene Straße, die ähnlich einem vertrauten gelben Pfeil den Weg nach Westen weist. Dieser letzten Straße Ihres Jakobs- bzw. Lebensweges können Sie nun nicht mehr folgen, er bleibt Ihnen noch verschlossen, ein Geheimnis, dessen Verlauf und Ende Sie heute nur ahnen können. Ihr Weg ist, wie Sie vielleicht hier erst richtig begreifen können, nun wirklich zu Ende. Langsam stirbt die Sonne, die Laterne des Lebens, die Sie über den Jakobsweg begleitet hat, im friedlich dahinwiegenden Meer, dem Urgrund alles Lebens, und mit ihr erlischt langsam der letzte Pfeil nach Westen. In der mystischen Stille dieses Momentes verbrennen nun manche Pilger gemeinsam Kleidungsstücke ihrer alten Pilgerkleidung oder aber beschriebene Papierstücke mit persönlichen Anliegen. Beim ruhigen Knistern und dem warmen Schein des Feuers verbrennen Sie hier symbolisch einen Teil des alten Menschen, den Sie durch Ihre Verwandlung auf dem Weg hier endgültig ablegen wollen. Ebenso wie die Sonne, so erlischt auch dieses kleine Feuer, und die kühle Nachtluft ruft Sie schließlich zurück in die Zivilisation, wo Sie Ihr warmes Lager finden. Nun wenden Sie sich also, das erste Mal nach Hunderten Kilometern Fußmarsch, wieder zurück nach Osten in die Richtung Ihrer lieben Heimat, wohin Sie nun vielleicht schon seit so vielen Tagen in der Fremde auch Ihr Heimweh treibt.

Die Stille und Mystik dieses Ortes hat Ihnen hoffentlich dazu verholfen, diesen Weg nun als für sich beendet zu betrachten. Verpassen Sie es aber bitte nicht, noch einmal so etwas wie ein Resümee für Ihren Weg zu ziehen und dies, wenn Sie bisher Tagebuch geführt haben, auch niederzuschreiben. Sinnen Sie auch darüber nach, welche Folgen die Erfahrungen, die Sie auf dem

Weg gemacht haben, für Ihr späteres Leben im Alltag haben können. Gehen Sie diesen Gedanken jetzt so lange nach, bis Sie mindestens ein neues konkretes Ziel für sich gefunden haben, dem Sie nun in Ihrem jetzt bevorstehenden Alltag nach-gehen können, und dann ...

☺ *Ultreja !* ☺

... Sie haben nun wieder ein neues Ziel gefunden und sind nun also am Ende dieses Weges schon wieder am Anfang eines neuen angekommen. Verabschieden Sie sich also zügig von Finisterre, Santiago und von Ihren Pilgerbrüdern und brechen Sie ohne Wehmut zu Ihrem neuen Pilgerziel auf, denn ...

... Ihr nächster Pilgerweg beginnt hier in Santiago!

Heimkehren und Pilger bleiben

Ein hoffentlich sehr froher und erfüllter Lebensabschnitt ging für Sie soeben zu Ende, und nun sind Sie also wieder dort angekommen, wo Ihr Jakobsweg einmal begann. Dieser Lebensabschnitt, so einzigartig und reich er Ihnen auch erscheinen mag, war nur eine kurze Etappe auf Ihrem gesamten Lebensweg. Hoffentlich konnten Sie auf dieser wertvollen Etappe die Zeit nicht nur genießen, sondern auch einige Erfahrungen mit nach Hause nehmen, die Sie jetzt nicht nur ähnlich eines Souvenirs an den Weg erinnern, sondern darüber hinaus auch einen praktischen Nutzen für Ihr tägliches Leben entfalten können.

Das Erste, das Sie von dem Weg mit nach Hause nehmen können, ist die Art und Weise, wie Sie auf Ihrem Pilgerweg der Welt begegnet sind. Wenngleich Sie sich jetzt nicht durch Spanien, Portugal oder Frankreich, sondern durch Ihren altbekannten

Alltag bewegen, können Sie doch versuchen, diesen jetzt wie ein Pilger zu sehen und zu er-leben. Fragen Sie sich doch in den verschiedenen alltäglichen Situationen, wie Sie die Alltagswelt unter den Pilgergrundsätzen der Offenheit, des Wandels, der Einfachheit, der Begegnung und der Spiritualität betrachten und dabei die verschiedenen Dimensionen der Zeit, der Natur, des eigenen Körpers, der Kultur, des Wegs, der Gemeinschaft, der Selbst- und der Gottesbegegnung erleben können. Da Sie ja immer noch Pilger sind, ist es sehr naheliegend, diese neuen Erlebnisse und Pilgererfahrungen auch noch einige Tage nach Ankunft zu Hause in Ihr Pilgertagebuch einzutragen.

Sicherlich haben Sie auf dem Jakobsweg nicht nur gelernt, die sichtbare und unsichtbare Welt mit andern Augen wahrzunehmen, sondern Sie haben dort auch zahlreiche Erfahrungen gemacht, deren Quintessenz nicht nur auf den Jakobsweg beschränkt bleiben muss, sondern auch im normalen Leben eine Bereicherung bedeuten und dort fruchtbar umgesetzt werden kann. Nehmen Sie sich also auch jetzt nochmals Zeit dazu, sich die Erfahrungen, die Sie auf dem Weg gemacht haben, in Erinnerung zu rufen und sich selber zu fragen, wie diese in Ihrem alltäglichen Leben umgesetzt werden können, und wie man diese Erfahrungen im Alltag weiter vertiefen kann, um sie für den Alltag noch besser realisierbar zu machen. Einige gute Hilfen, dies zu tun, sind zum Beispiel, sich sein Pilgertagebuch nochmals Stück für Stück durchzulesen, seine Fotos vom Weg zu betrachten, seinen Pilgerführer durchzublättern, alten Pilgerbrüdern einen Brief zu schreiben, mit diesen zu telefonieren oder diese sogar zu besuchen. Natürlich können Sie auch dieses Buch wieder zur Hand nehmen und versuchen, das hier Geschriebene Kapitel für Kapitel in Ihren Alltag zu übersetzen. Wenn Sie auf dem Weg oder in Santiago eine CD mit Musik gekauft haben, die Ihnen auf dem Weg besonders aufgefallen ist, so kann Ihnen auch das Anhören dieser bekannten Klänge dabei helfen, sich wieder in die Zeit auf dem Jakobsweg zurückzuversetzen.

Wenn Sie zurück auf den Weg blicken, sollten Sie dies jetzt aber nicht in einer sentimentalen nostalgischen Art tun, sondern so, wie es sich für einen „wahren Pilger" gehört, nämlich optimistisch und den Blick nach vorne gerichtet. Zugegeben, der Jakobsweg ist ein besonderer Ort auf dieser Welt und die Menschen und Gegebenheiten, die Ihnen dort begegnen, erwecken oft fast den Eindruck, nicht von dieser Welt zu sein, so wunderbar sind sie. Wichtig ist nun aber, sich gegenwärtig zu machen, dass dieser Weg und auch seine Menschen wirklich von dieser Welt sind und dass der Jakobsweg somit so etwas wie die Vision einer neuen verwandelten Welt sein kann.

Wenn Sie heute in der U-Bahn fahren oder im Gemenge eines Supermarktes herumirren, ist die Chance sehr groß, dass Sie hier, ohne es zu merken, auf einen Jakobsbruder treffen, der wie Sie schon auf dem Jakobsweg unterwegs war oder gerade dabei ist, sich diesem allmählich in seinen Träumen zu nähern. Da er keine Muschel oder sogar Rucksack trägt, wird es Ihnen schwer fallen, ihn auf den ersten Blick zu erkennen. Wie gut wäre es also, wenn „der Geist des Jakobswegs" auch im Alltag der Pilgerbrüder so Gestalt annehmen könnte, dass man nicht nur an diesen selbst, sondern auch an der Welt, die inzwischen von so vielen Jakobspilgern gestaltet wird, immer mehr den Geist unseres Weges erspüren könnte. Fangen Sie am Tag Ihrer Ankunft in der Heimat damit an, diesen großen Traum in die Realität umzusetzen. Sie sind dabei in bester Gesellschaft.

Sollte Sie jedoch irgendwann eine alte Sehnsucht oder gar die „blanke Sucht" nach dem Weg überfallen, so prüfen Sie zunächst, ob Sie hier nur aus Ihrem Alltag davon-laufen wollen oder Ihnen dabei ein konkretes inneres Ziel vor Augen steht. Folgen Sie dem ersteren Wunsch, so werden Sie zum Landstreicher, der sich auf den Jakobsweg verirrt hat. Wollen Sie aber wieder einem inneren Ziel folgen und dabei Ihre Jakobswegerfahrung wachrufen und weiter vertiefen, dann ziehen Sie sich Ihre Pilgerschuhe wieder an und suchen Sie den nächsten gelben Pfeil. Es gibt in der Zwischenzeit schon mehr als einen Jakobsweg (von denen ich übrigens einige in meinen praktischen Führern beschrieben habe) und einer von diesen läuft vielleicht sogar schon nicht weit von Ihrer Haustür entfernt. Ein Zufall?

Nachwort

Lieber Leser,

es war meine Absicht, Sie ein Stück auf Ihrem Jakobsweg zu begleiten und Ihnen dabei einige Hilfen zu geben, diesen reicher zu erleben. Ich hoffe, dass ich bzw. mein Buch Ihnen dabei ein hilfreicher Begleiter war, und möchte mich hier, ebenso wie Ihre anderen Weggefährten, mit einigen Worten von Ihnen verabschieden.

Es war mir eine echte Freude und Bereicherung, dieses Buch für Sie schreiben zu dürfen, denn während der Zeit des Schreibens durfte ich erleben, wie der Weg von mir Besitz ergriff und mich in einen wahren Schreibrausch versetzte, in dem ich viele wertvolle Wegerfahrungen für mich erinnern und dann für Sie zu Papier bringen konnte.

Lassen Sie mich Ihnen aufgrund dieser auch für mich neuen Erfahrung eine weitere Anregung für Ihren Umgang mit dem Weg geben: Wer gelernt hat, den Weg zu lieben und so ihm und seinen Menschen zu dienen, den kann das sehr glücklich machen! Sie können dies, wenn Sie wollen, als Hospitalero, in einer Pilgerbruderschaft, durch Spenden oder auch dadurch tun, dass Sie Ihre Wegerfahrung für andere sichtbar in Ihren Alltag tragen. Eine wahre Pilgerfreundschaft besteht im Nehmen und Geben, und in dem Maße, als Sie wirklich lieben, werden Sie genau dies auch immer mehr wollen.

Ich wünsche Ihnen alles erdenkbar und erträumbar Gute für alle Ihre zukünftigen Pilgerwege und ebenso für Ihren ganzen Lebensweg.

Ultreja!
Ihr Raimund Joos

Hilfreiche Adressen und Links

Wie schon im Buchtext hingewiesen wurde, finden sich im deutschsprachigen Raum auf dem Jakobsweg selber derzeit nur wenige offizielle Anlaufstellen für die spirituellen Anliegen von Pilgern. Nicht immer muss aber unbedingt ein „Spezialdienst" für Pilger vonnöten sein. Pilgern ist ja eine Grundhaltung des Lebens und Glaubens überhaupt und in diesem Sinne kann Ihnen vielleicht auch ein „normaler" spiritueller Ratgeber, wie zum Beispiel ein Priester, Rat geben.

Als regelrechte Spezialdienste können darüber hinaus folgende Adressen genannt werden:

Cursillo-Haus St. Jakobus in Oberdischingen
Die Geistliche Bildungs- und Begegnungsstätte in dem südwestlich von Ulm gelegenen Oberdischingen bietet mehrmals im Jahr Vor- und Nachbereitungskurse für Pilger und Pilgerführer an, von denen einige auch von mir geleitet werden. Im Programm des Hauses finden sich noch weitere Kurse zu verschiedenen Themen, die in ihrem Geist den Pilgergrundsätzen der Einfachheit und des Er-lebens folgen. Unter der folgenden Adresse können auch Pilgerausweise erworben werden.
Cursillo-Haus St. Jakobus,
Kapellenberg 58-60,
D-89610 Oberdischingen
Tel.: 0049 7305 919575
E-Mail: info@haus-st-jakobus.de
Internet: www.haus-st-jakobus.de

Benediktinerkloster Monte Irago in Rabanal del Camino
Eine Handvoll junger und weltoffener Mönche hat sich in dem kleinen Ort, der einen Tagesmarsch westlich von Astorga liegt, der Idee verschrieben, Pilgern auf ihrem Weg nach Santiago spirituelle Hilfe zukommen zu lassen. Man spricht verschiedene Sprachen

und auch recht gut Deutsch. Pilger können nach Voranmeldung gegen eine Spende in der kleinen klostereigenen Pilgerherberge leben, wenn sie sich dort mindestens drei Tage zu Exerzitien aufhalten. Auch einmalige Einzelgespräche mit den Brüdern sind möglich. Grundsätzlich sind auch solche Pilger willkommen, die ihren Weg schon beendet haben und die dort gemachten Erfahrungen später nochmals reflektieren wollen. Die Pilger sind eingeladen, am Stundengebet der Brüder teilzunehmen. Fazit: Ein lobenswertes Projekt einer zukunftsweisenden jungen und glaubwürdigen Gemeinschaft im Geiste Jesu, das auch nicht christlich geprägte Pilger zu begeistern vermag und daher sehr zu empfehlen ist.

Monasterio Benedictino San Salvador del Monte Irago
Calvario 6
E-24722 Rabanal del Camino (León)
Tel.: 0034 987 69 12 77
E-Mail: monteirago@terra.es

Weitere aktuelle Informationen unter meiner Webseite
http://www.camino-de-santiago.de und in meinen Pilgerführern
Ich habe auf meiner eigenen Webseite, wo Sie verschiedene Links und Informationen finden, speziell für die Leser dieses Buches eine eigene Seite eingerichtet. Sie finden diese unter http://www.camino-de-santiago.de/spirituell.html. Sollten sich in der Zwischenzeit noch weitere relevante Informationen wie zum Beispiel neue Adressen gefunden haben, so können Sie diese hier abrufen.

Weitere kurze Informationen zu empfehlenswerten Pilgerherbergen im Sinne dieses Buches finden Sie in meinen jeweils aktuellen Führern zu den verscheidenen Pilgerwegen.

Dr. Raimund Joos
Am Kugelberg 17
D-85072 Eichstätt
E-Mail: raimund.joos@camino-de-santiago.de
Internet: http://www.camino-de-santiago.de

Index

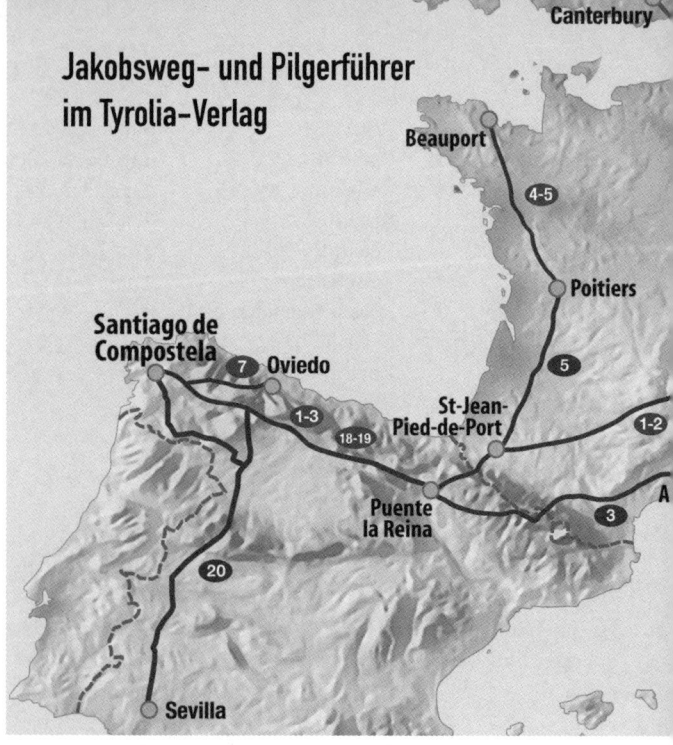

Jakobsweg- und Pilgerführer im Tyrolia-Verlag

Schwarz: Jakobsweg
Grau: andere Pilgerwege

1 *Teklenborg*, Jakobsweg der Freude, Strasbourg – Santiago
978-3-7022-2625-1   € 17.90

2 *Teklenborg*, Radwandern Jakobsweg, Rhein – Santiago
978-3-7022-2626-8   € 17.90

3 *Lindenthal*, Nach Santiago ..., Via Tolosand, Arles – Santiago
978-3-7022-2344-1   € 14.90

4 *Lindenthal*, Jakobsweg Bretagne, Beauport – Poitiers
978-3-7022-2571-1   € 19.90

5 *Lindenthal*, Auch Santiago ..., Beauport – Saint-Jean-Pied-de-Port
978-3-7022-2739-5   € 14.90

6 *Teklenborg*, Jakobsweg Süddeutschland / Schweiz – Le Puy / Arles
978-3-7022-2565-0   € 17.90

7 *Lindenthal,* Camino Primitivo, Oviedo – Santiago
978-3-7022-3101-9   € 14.95

8 *Kolbinger*, Jakobsweg Prag – Regensburg – Eichstätt – Donauwörth
978-3-7022-2728-9   € 19.90

9 *Lindenthal*, Jakobsweg Österreich Wien – Maria Einsiedeln
978-3-7022-2199-7   € 21.90

Alles **Buch**bar auf www.tyrolia.at

Sehnsucht nach Aufbruch und Verwandlung.

Rudolf Bischof
Klaus Gasperi
Das kleine Buch zum Pilgern
Texte und Impulse für achtsames Gehen. Das Buch ladet ein, in der Suche nach neuen Horizonten, im oft mühsamen Unterwegssein die Tiefe der eigenen Existenz zu erfahren und so den Pilgerweg intensiver zu erleben.
Mit Illustrationen von Karen Holländer.

15 sw. Abbildungen,
Klappenbroschur
ISBN 978-3-7022-2636-7
192 Seiten

TYROLIA Alle guten Seiten.